# Georges Bernage    Anne Courtillé
# Marc Mégemont

# La Basse Auvergne médiévale

*En hommage
à Guillaume Revel
et Gabriel Fournier*

HEIMDAL    CRÉER

- Ouvrage conçu et écrit par Georges Bernage, Anne Courtillé et Marc Mégemont.
- Maquette : Francine Gautier et Erik Groult.
- Composition et mise en pages : Christel Lebret.
- Photogravure : Christian Caïra, Philippe Gazagne.
- Infographie : Philippe Gazagne.

Editions Heimdal
Château de Damigny - BP 61350 - 14406 BAYEUX Cedex
Tél. : 02.31.51.68.68 - Fax : 02.31.51.68.60
E-mail : Editions.Heimdal@wanadoo.fr

© Edicentre - Editions Créer, 63340 Nonette

# La Basse-Auvergne au Moyen Age

## Entre Nord et Sud

La Basse-Auvergne s'identifiait à une partie de l'ancien diocèse de Clermont, lui-même dessiné sur la cité des Arvernes. C'est aujourd'hui le département du Puy de Dôme, auquel il faut ajouter le Brivadois au nord de la Haute-Loire et une part importante de l'Allier jusqu'aux portes de Moulins. La Basse-Auvergne, à opposer à la Haute-Auvergne (le Cantal), est une région géographiquement très diverse, juxtaposant trois types de pays : montagnes cristallines à l'est et à l'ouest, reliefs volcaniques et surtout grand fossé sédimentaire médian, appelé Limagne autour de l'Allier. A cette variété de paysages, s'ajoute la position géographique, plus ou moins stratégique, entre nord et sud, où l'on passe de la langue d'oil à la langue d'oc, des toits à pentes raides et petites tuiles plates à des pentes douces recouvertes de tuiles creuses. Terres de transition, de contrastes, d'isolement et d'accueil, de passage, cette ambiguïté explique sans doute l'histoire de la province.

Drainé par des Gaulois qui ont leur heure de gloire à Gergovie avant la défaite de Vercingétorix à Alésia, ce vaste territoire entre au premier siècle dans l'ère de la *Pax Romana*, rattaché à la province Aquitaine. On exploite alors des gisements d'or à Pontgibaud ou à Blot, la céramique de Lezoux connaît son apogée et la ville principale est *Augustonemetum*. Mais Vandales, Wisigoths, Francs se profilent au IVe siècle, l'Auvergne devenant vite un enjeu entre nord et sud. Légitimiste, l'Auvergne conserve un certain attachement romain, même si, en 508, c'est Thierry, le fils de Clovis, qui prend sa possession et si elle apparaît dès lors dans le royaume d'Austrasie. Au début du VIIIe siècle, l'Auvergne connaît cependant l'indépendance dans le sillage de l'Aquitaine avant de tomber sous le joug de l'occupant du Nord après une laborieuse campagne de Pépin le Bref. Les Vikings feront une incursion au milieu du IXe siècle et il y aura encore un raid tardif en 923. C'est alors cependant que se dessinent les principaux villages autour d'un monastère ou d'un chapitre, d'une église ou d'un château avec une prépondérance des lieux de plaine.

## Le temps des seigneurs

C'est l'époque de l'émergence d'un premier comte indépendant, Bernard Plantevelue, une indépendance précoce. Autour de Bernard Plantevelue, des familles comme les Mercœur, les Baffie ou les Montboissier prennent un ascendant politique et moral dans la région au moment où se met en place, avec aussi une certaine précocité, une société féodale, cadre plus ou moins rigide d'une organisation qui n'exclut pas les tensions.

Au milieu de péripéties le plus souvent guerrières, l'Eglise apparaît comme un point fixe avec des fondations à Chamalières, Royat ou Manglieu où la rédaction de la vie de saint Bonnet est l'illustration d'une certaine activité intellectuelle. Des hommes venus d'ailleurs, poussés par des envahisseurs viennent aussi se réfugier en Auvergne ; les moines de Saint-Maixent-en-Poitou accueillis par le roi Charles le Simple (898-923) à Ebreuil, ceux de Noirmoutier en 971 à Saint-Pourçain-sur-Sioule. Et en 910, le fils de Bernard Plantevelue, Guillaume le Pieux, qui est aussi duc d'Aquitaine, fonde Cluny qu'il place aussitôt sous l'autorité immédiate de la papauté. Un siècle plus tard, c'est justement l'Auvergnat Odilon de Mercœur (+ 1048) qui deviendra l'abbé d'un monde clunisien en pleine expansion.

Et au milieu de laïcs souvent au bord de la révolte ou de la guerre, la véritable autorité morale est bien au Xe siècle l'évêque de Clermont, surtout quand, en 940, monte sur le trône épiscopal Etienne II, grand aristocrate auvergnat, qui va constituer une importante seigneurie et donc exercer, lui aussi, une domination féodale, tout en jetant les bases de la « paix de Dieu ». Les premières réunions se tiennent à Clermont en 958 et en 972 pour mettre en œuvre l'interdiction de toucher aux non-combattants.

Et ce n'est pas un hasard si Urbain II choisit Clermont pour le fameux concile de 1095 où il était à l'origine surtout question d'imposer la réforme grégorienne. L'Auvergne, où les sites clunisiens s'étaient multipliés, où Paix de Dieu et Trêve de Dieu avaient été lancées pour limiter les abus seigneuriaux, se trouve bien au cœur de l'action politique, sociale et religieuse de l'époque. Sans doute conseillé par l'évêque du Puy Adhémar de Monteil, Urbain II lance son fameux appel à prendre la croix contre l'infidèle à Clermont le 27 novembre 1095.

Face à la France royale, beaucoup plus au nord, Urbain II se trouve immergé dans la France seigneuriale dont l'Auvergne donne une excellente image comme elle apparaît aussi une terre d'accueil et de passage. A une époque où on circule à cheval ou à pied, l'Auvergne n'est pas « enclavée ». Elle sera traversée sans cesse par les pèlerins et les marchands, par les grands et les modestes, à une époque où le Chemin de France amène les gens du nord qui s'engagent ensuite sur la voie Régordane vers le sud alors que la vallée du Rhône est terre d'Empire. Le voyage-pèlerinage du roi Robert en 1019-1020 qui le conduit d'Orléans à Toulouse le démontre comme les passages de Louis VIII qui meurt au nord de Clermont à Montpensier en 1226 en revenant du Languedoc ou de saint Louis sur la route de la croisade. On peut supposer que les artisans et les artistes traversèrent aussi le pays, apportant des savoir-faire riches mis en œuvre dans une extraordinaire floraison d'églises romanes. Des grandes comme Notre-Dame du Port à Clermont, Saint-Austremoine d'Issoire, Saint-Nectaire ou Notre-Dame d'Orcival, des plus modestes mais offrant aussi de beaux berceaux de pierre, des jeux de matériaux de couleurs, des chapiteaux ou des modillons à copeaux comme Saint-Jean de Glaine, Saint-Pierre de Moissat, Notre-Dame de Mailhat ou Saint-Priest de Volvic. Ces bâtisseurs faisaient référence à la Bourgogne dans le nord, au Berry, voire plus loin à l'ouest, les sculpteurs au midi à Issoire ou les peintres à l'Italie et à Constantinople à Brioude ou Lavaudieu.

Les facilités de circulation rendront d'autant plus aisée l'arrivée du roi Philippe Auguste mis en appétit par ces seigneurs auvergnats qui profitent de leur autonomie pour se faire la guerre sans merci, faisant régner une agitation dans tout le comté dominé désormais par deux « factions », celle du comte d'Auvergne et celle du comte de Clermont qui deviendra au XIIIe siècle le dau-

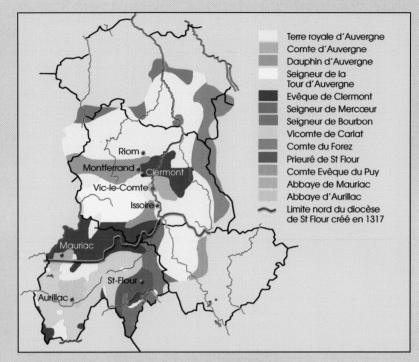

Sur cette carte de l'Auvergne dans la seconde moitié du XIIIe siècle, nous remarquons les terres royales, dont Riom et Issoire font partie, la petite Comté d'Auvergne avec Vic-le-Comte, les terres de la famille de la Tour d'Auvergne avec Saint-Saturnin, celles des Dauphins d'Auvergne au nord et au sud des précédentes, celles de l'évêque de Clermont, celles du comte de Forez à l'est et celles des seigneurs de Bourbon au nord. Sur cette carte, on voit la limite des actuels départements et (ligne rouge) la limite entre la Basse-Auvergne au nord et la Haute-Auvergne au sud. (Heimdal, d'après Josiane Teyssot.)

phin d'Auvergne. Le comté s'est en effet coupé en deux entre Guillaume le Jeune et son oncle Guillaume le Vieux. Une agitation qui se développe sur fond d'antagonisme Capétien-Plantagenêt. En 1189, Philippe Auguste obtient du vieux roi Henri II la cession de la mouvance de l'Auvergne que tenait naturellement le Plantagenêt grâce au duché d'Aquitaine. Guy II et Dauphin dépendent donc désormais directement du capétien réputé « cupide, méchant et de mauvaise seigneurie » selon un poème de Dauphin.

Et à partir de 1196, l'ambitieux Robert d'Auvergne brandit sur le trône épiscopal de Clermont des prétentions politiques. C'est sans doute la capture de cet évêque en 1211 par le comte Guy II qui pousse Philippe Auguste à le priver des moyens de soutenir le parti anglais de Jean sans Terre. La conquête a lieu en 1211-1213. L'armée royale conduite par Gui de Dampierre s'empare d'un grand nombre de lieux comme Riom ou Tournoël et le comte ne conserve plus qu'un territoire réduit autour de Vic-le-Comte au sud-est de Clermont.

## L'Auvergne, Terre royale ou ducale

Et la Terre que conquiert Philippe Auguste a évolué avec notamment des progrès décisifs du peuplement en moyenne montagne, la présence de l'homme s'étant affirmée à peu près partout grâce à des défrichements importants aux XIe et XIIe siècles. Et sur le plan politique, la Basse-Auvergne est désormais réorganisée en territoires bien définis : le comté d'Auvergne, terres fertiles autour de Vic-le-Comte, sur la rive orientale de l'Allier, le Dauphiné au sud à la limite de la Haute et de la Basse-Auvergne, des terres pauvres autour de Vodable mais aussi Montferrand, Issoire et le Lembron-les dauphins hériteront en 1321 des terres des Mercœur qui renforceront leur implantation dans cette zone -, la seigneurie ecclésiastique de Clermont à l'est de la ville avec Billom ou Mauzun, et enfin la Terre royale d'Auvergne qui aura Riom comme capitale.

Après les églises romanes, la vague gothique venue d'Ile de France et de l'ouest suivra l'Allier de Saint-Pourçain à Brioude en passant par Ebreuil, Aigueperse, Riom ou Ennezat tandis que les grosses tours rondes et fières comme à Montpeyroux feront référence aux constructions du royaume dont le fameux donjon de Philippe Auguste au Louvre est le meilleur exemple. Nouveaux exemples des capacités d'adaptation des bâtisseurs locaux qui recevront au milieu du XIIIe siècle la brillante leçon de Jean Deschamps venu de Picardie pour construire une nouvelle cathédrale à Clermont. Confiée à Gui de Dampierre, puis à son fils Archambaud de Bourbon, dont la famille va se trouver ainsi propulsée lentement vers un destin national, la Terre d'Auvergne devient en 1241 l'apanage d'Alphonse de Poitiers, le frère de Louis IX. Il va assurer *« en douceur le passage dans les faits d'une indépendance seigneuriale difficile à l'annexion pure et simple au domaine royal »* (J. Teyssot). Alphonse de Poitiers va s'attacher peu à peu la fidélité des Auvergnats, notamment dans les villes en leur offrant des chartes de franchises, tout en développant une administration rigoureuse mettant en place des ferments de centralisation puisqu'il dirige souvent sa province de Paris. Les baillis sont les relais essentiels de cette autorité. A sa mort en 1271, la Terre d'Auvergne revient normalement selon le principe de l'apanage à la couronne. Philippe le Hardi, qui s'était marié à Clermont en 1262 avec la princesse Isabelle d'Aragon, et Philippe le Bel y installeront des hommes fidèles comme les Flotte ou les Aycelin. Pierre Flotte, chancelier, aura le temps de bâtir une puissante forteresse à Ravel et d'y faire peindre un décor héraldique qui met en scène la fine fleur de l'aristocratie auvergnate.

Comme dans beaucoup de provinces, le XIIIe siècle est un siècle de paix, de prospérité économique et d'essor démographique. Cependant, quand la crise politique se profilera entre les Capétiens et les Plantagenêt, la situation frontalière de l'Auvergne fera apparaître des faiblesses qui iront croissant tout le long du XIVe siècle où la guerre de Cent Ans usera la province avec les exactions des routiers qui parcourreront sans cesse la province entre 1356 et 1390. Sous la conduite d'un Robert Knolles, d'un Thomas de la Marche ou d'un Geoffroy Teste noire, ils pillent, rançonnent, violent ou tuent jusqu'en 1392 où la paix s'installe à nouveau. C'est le temps d'un nouvel apanagiste, Jean de Berry, comte d'Auvergne et de Poitou. L'Auvergne quitte donc son statut royal pour celui de simple comté géré par un homme habile, amoureux des arts, qui utilise les « bonnes villes » inventées dans la province comme les Etats provinciaux. Deux dispositifs qui montrent à la fois la capacité d'imagination et de cohésion des Auvergnats face à l'adversité. Ces Etats réunis 35 fois entre 1360 et 1416, année de la mort de Jean de Berry, exercent un véritable contre-pouvoir face aux exigences du prince notamment en matière d'impôts. Manœuvrier, toujours à court d'argent, le duc joue sur les rivalités entre les villes pour arriver à ses fins. En 1373, il fera emprisonner les représentants de Riom et d'Aigueperse aux Etats provinciaux qui refusaient de céder à ses exigences financières ! Jean de Berry réussit en tout cas à limiter beaucoup le contrôle royal et à offrir une relative indépendance à l'Auvergne. Il apportait aussi en Auvergne le dernier « avatar » du gothique, le flamboyant, dont la Sainte-Chapelle, seule rescapée du palais qu'il avait fait construire à Riom, offrait un superbe spécimen. Un style qui se développera notamment à l'est dans la moyenne montagne du Livradois.

Les successeurs de Jean de Berry, les ducs de Bourbonnais, tenteront eux aussi de limiter l'autorité royale puisque l'Auvergne, contrairement à l'usage de l'apanage, ne revient pas à sa mort à la couronne mais passe à sa fille Marie, épouse de jean Ier de Bourbon. Ce dernier se trouve alors à la tête d'une vaste entité préfigurant une grande partie de la région Auvergne actuelle. La Basse-Auvergne avec ses villes florissantes, Riom, capitale ducale, Clermont, ville épiscopale ou Montferrand, dépend donc désormais de ces nouveaux maîtres dont la tutelle plus souple durera jusqu'en 1523. La province sera cependant secouée par une grande révolte nobiliaire, la dernière du Moyen Age dans le royaume, menée par le duc Jean II de Bourbon contre le roi Louis XI qui viendra en personne régler l'affaire en mettant le siège devant Riom privée d'eau. Les Auvergnats montreront alors toute l'ambiguïté qui existait entre un pouvoir royal dont ils reconnaissaient la légitimité et le pouvoir ducal plus proche et peut-être plus exigeant. Toute l'ambiguïté d'un pouvoir entre centralisation et décentralisation, surtout quand cette dernière est exercée par des maîtres qui rêvent d'indépendance.

La fin du Moyen Age est marquée par le gouvernement d'Anne de Beaujeu, fille de Louis XI, et épouse du duc Pierre II de Bourbon, dont la fille, Suzanne, épouse son cousin Charles de Bourbon-Montpensier en 1505. Le connétable de Bourbon héritera successivement de sa femme en 1521 et de sa belle-mère en 1522. Un an plus tard, le roi François Ier confisquant les biens du connétable, annexe la principauté, renouant donc avec la longue tradition de rattachement à la couronne menée par ses prédécesseurs. Les Auvergnats sont désormais de nouveau des sujets directs de la couronne, ce qu'ils avaient cessé d'être depuis 1360 !

Anne Courtillé
Professeur d'histoire de l'art médiéval
à l'université Blaise-Pascal
de Clermont-Ferrand,
spécialiste du Moyen Age

**Bibliographie**

G., Fournier, *Le peuplement rural en Basse-Auvergne durant le Moyen Age,* Clermont, 1962 (rééditions en cours).

A.-G. Manry (sous la direction de), *Histoire de l'Auvergne,* Toulouse, 1974.

J. Teyssot, *Riom 1212-1557, Capitale et Bonne Ville d'Auvergne,* Nonette, 1999.

P. Charbonnier, *Histoire de l'Auvergne des origines à nos jours,* Clermont-Ferrand, 1999.

## Introduction

Le présent ouvrage est un voyage dans le temps. Il a été rendu possible pour deux raisons : - De Riom à Saint-Floret et de Besse à Billom, la densité de vestiges médiévaux est étonnante ; il suffit de se reporter à la carte de cette page pour se rendre compte que d'un village resté médiéval à un autre il n'y a, bien souvent, que quelques kilomètres. Alors qu'ailleurs on rasait pour reconstruire, l'Auvergne a conservé une bonne partie de son patrimoine. - Et nous disposons d'un document exceptionnel pour retrouver, fidèlement, l'aspect des cités et châteaux vers 1450 grâce à l'*Amorial de Guillaume Revel,* conservé à la Bibliothèque Nationale de France, sous la cote « Manuscrit français 22297 ». Cet armorial, composé de 253 feuillets de parchemin, présente les armes de toutes les familles nobles d'Auvergne, de Bourbonnais et de Forez, alors possesssions des ducs de Bourbon. Mais, surtout, pour l'Auvergne, 46 vues de châteaux ou villes ont été dessinées dans ce document, environ la moitié d'entre elles sont ici publiées. Ce sont parmi les premières représentations réalistes et précises de ce type au Moyen Age - après les quelques vues des *Très Riches Heures du duc de Berry.* Elles ont été réalisées entre 1450 et 1459. C'est un document unique en France qui apporte un fantastique complément aux nombreux vestiges conservés en Basse-Auvergne. Rendons aussi un hommage à Gabriel Fournier qui a étudié les vues de l'*Armorial* et les a commentées en détails. Cet ouvrage lui doit beaucoup. Tout cela nous permet de vous proposer un fabuleux voyage dans cette région vers 1450.

Georges Bernage

*Carte de la partie centrale de la Basse-Auvergne concernée par cet ouvrage. Tous les lieux étudiés sont présents sur cette carte. On notera leur densité sur de petites distances, un vrai « terroir médiéval ».*

# Table des matières

## Riom et le pays Brayaud
- Tournoël (M.M.) ............................................. 6
- Mozac (M.M.) ............................................... 14
- Riom (M.M.) ................................................ 15
- Châteaugay (M.M.) ....................................... 16

## Le nord de la Limagne
- Clermont (A.C.) ............................................ 18
- Montferrand (A.C.) ....................................... 19
- Saint-Alyre, Saint-André (G.B.) ..................... 20
- Chamalières (G.B.) ....................................... 21
- Aubière, La Roche Blanche (G.B.) ................. 22

## Limagne, pays de Saint-Amant
- Saint-Amant (G.B.) ....................................... 24
- Monton (G.B.) .............................................. 27
- Le Crest (G.B.) ............................................. 28
- Montredon (G.B.) .......................................... 29
- Saint-Saturnin (G.B.) .................................... 30
- Saint-Sandoux, Chaynat (G.B.) ...................... 34
- Olloix (G.B.) ................................................ 35

## Limagne, Couze Chambon
- Murol (M.M.) ............................................... 36
- Saint-Nectaire (M.M.) ................................... 39
- Montaigut-le-Blanc (G.B.) ............................. 40
- Champeix (G.B.) ........................................... 43
- La Sauvetat (G.B.) ........................................ 44
- Montpeyroux (G.B.) ...................................... 48

## Limagne, Couze Pavin
- Besse (G.B.) ................................................. 50
- Jonas (G.B.) ................................................. 54
- Saurier (G.B.) ............................................... 56
- Saint-Floret (G.B.) ........................................ 58
- Saint-Vincent, Meilhaud (G.B.) ..................... 61

## Val d'Allier
- Issoire (A.C.) ............................................... 62
- Saint-Babel, Le Broc (G.B.) .......................... 65

## La Comté, Livradois
- Vic-le-Comte (G.B.) ...................................... 66
- Bosséol (M.M.) ............................................. 67
- Billom (A.C.) ................................................ 70
- Montmorin (G.B.) ......................................... 76
- Mauzun (M.M.) ............................................. 80

Les textes de Georges Bernage sont notés (G.B.), ceux d'Anne Courtillé sont notés (A.C.) et ceux de Marc Mégemont sont notés (M.M.). Toutes les légendes des dessins de l'*Armorial* sont de Georges Bernage.

# Tournoël l'inexpugnable

*Telle la proue d'un navire, le donjon du XIVᵉ siècle surveille les approches du château. A droite, le tiers supérieur du chemin de ronde a disparu, laissant une brèche béante jusqu'à l'angle gauche de la chemise du donjon. On notera, dans la constitution de l'appareillage d'angle, l'omniprésence de blocs de pierre de taille grise issue des carrières de Volvic.* (M.M.)

*Etabli sur un contrefort du Puy-de-la-Bannière, à six kilomètres
à l'ouest de Riom, et à peu plus d'un kilomètre du bourg de Volvic,
le château se situe à une altitude de 603 mètres.
Dominant la plaine de la Limagne, Tournoël veillait «… près du chemin
venant du pays de France … et au chemin qui vient de Limozin, Périgord,
Poytou et autres pays et contrées, et alloit en toutes bonnes villes d'Auvergne… »*

### Une plage forte convoitée

L'ensemble des sources manuscrites ainsi que les éléments de construction les plus anciens, semblent attester l'existence d'une édification castrale dès le XIᵉ siècle. Cette période correspond, en effet, avec l'apparition du nommé Bertrand de Tornoil, vivant en **995** (1). Son descendant, prénommé également Bertrand, s'empara vers 1070, de l'église de Cébazat (Puy-de-Dôme) au détriment du chapitre cathédrale de Clermont. Une charte, signée par Robert II, comte d'Auvergne (1060-1096), entre dans les années 1076 et 1095, pendant l'épiscopat de Durand qui en assura l'exécution, mentionne que le seigneur de Tournoël *« miles… Bertrannus de Tornoile »* restitua à la Bienheureuse Marie ainsi qu'aux chanoines du siège d'Auvergne, l'église de Cébazat et tous les biens dont il s'était emparé. Bertrand étant décédé vers 1080, Heldine sa mère, Calixte de Murol, Guillaume de Bénaziac et leurs fils, ses successeurs, ratifièrent cette restitution. Puis, durant près d'un siècle, le nom des seigneurs de Tournoël ne figure plus dans les chroniques.

De par sa situation stratégique et sa proximité avec la cité de Riom, le château de Tournoël ne manqua pas d'attiser la convoitise des comtes d'Auvergne. Ceux-ci finissent par en devenir propriétaires, à une époque et dans des circonstances non encore élucidées. Le château se trouve, en effet, en leur possession en **1190**, ainsi que l'établit un acte de donation que le comte Guy II consentit au profit de la Chartreuse des Portes. En 1195, Richard Cœur de Lion, ayant élevé des prétentions à la suzeraineté de l'Auvergne, des hostilités s'engagent avec Philippe Auguste. Le comte Guy se range sous la bannière du souverain anglais, tandis que son frère Robert, évêque de Clermont, demeure fidèle au roi de France. Il en résultera une longue période de troubles et d'affrontements (2). Guy II entre en lutte ouverte

(1) « Tornoil » (995) ; « Tournoil » (1080) ; « Turnollium » (1209) ; « Tornoilla » (1213) ; puis « La Tourniole » (1313) ; « Tournoille » (1590). On écrivit « Tournoelle » jusque vers 1824. Ce n'est qu'à la fin du XIXᵉ siècle que l'ancien terme latin « Tornolium » se transformera définitivement pour devenir Tournoël.

(2) Voir : « Bosséol, château comtal ».

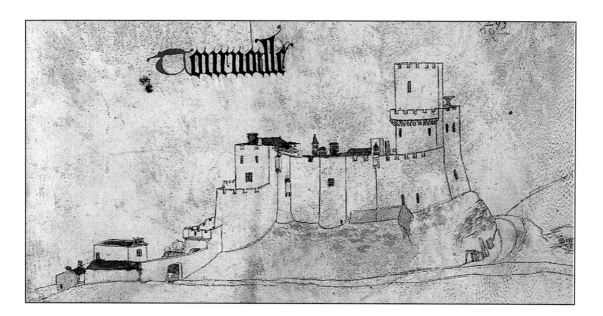

*Ci-dessus :* **La page 295 de l'Armorial de Guillaume Revel montre le front massif de l'enceinte du nord-ouest. Cette muraille atteignait une hauteur d'environ six mètres, pour une épaisseur variant de 1,40 mètre à 2 mètres. L'appareillage de la façade est essentiellement composé d'un blocage de pierres volcaniques. On notera les mitres coiffant certains conduits de cheminée.** (BNF.)

*Ci-contre :* **Le chemin de ronde crénelé, d'une largeur de 0,80 m est renforcé par un important contre-mur. Au pied du donjon circulaire, l'une des archères est percée dans les parois du chemin de défense intérieur ; la hauteur de la fente est d'environ 1,97 m. Cette archère est visible sur l'illustration de « l'Armorial », par contre le massif contrefort et les embrasures pour bouches à feu percées dans la tour sont postérieures à celle-ci.** (M.M.)

contre son frère ; l'emprisonne par trois fois et pille plusieurs monastères, dont ceux de Mozac et de Marsat (Puy-de-Dôme). La réaction de Philippe Auguste ne se fait guère attendre ; une armée, conduite par Guy de Dampierre pénètre en Auvergne (3). La soumission du comté, néanmoins, nécessitera trois années de lutte. Après avoir conquis de nombreuses places fortes et citadelles, les troupes royales assiègent Tournoël en 1213. Le château, sous les ordres de Gualeran de Corbelles, oppose une vigoureuse résistance ; le siège se prolonge sans résultat et une sortie audacieuse anéantit les travaux d'approche. Jugeant la place imprenable, Philippe II donne l'ordre de lever le siège, lorsque survient un événement imprévu. Alors qu'une partie de l'armée royale, décimée par la maladie, repose sous les tentes, les assiégés sortent du château afin de s'emparer des chevaux qui passent à proximité du campement ; mais ils sont repoussés vaillamment et nombre d'entre eux, notamment Guillaume, fils du comte d'Auvergne, et Albert son neveu, quatrième fils du seigneur de la Tour-du-Pin, sont faits prisonniers. Tournoël dut se rendre. Guy de Dampierre informe le roi de cette prise dans une missive datée du 20 décembre **1213** : *« proxima die veneris ante Natale 1213 ».* Son contenu dresse l'inventaire des munitions et approvisionnements garnissant la place, dont voici un aperçu :

- 11 arbalètes à arcs en corne.
- 7 arbalètes à étrier.
- 3 arbalètes fortes, à étrier pour deux pieds.
- 1 grosse arbalète montée sur plate-forme.
- 10 arbalètes à arcs en bois.
- 10 boucliers longs.
- 2 coffres de carreaux ou flèches.
- 2 moufles et 2 crochets pour tendre les arbalètes.
- 12 quartiers de porc salé et fumé ou bacons.

- 17 setiers de froment vieux.
- 2 chaables ou pierrières.
- 53 setiers de froment nouveau.
- 1 tonne de vin de 13 muids (le muid contenait 32 pots d'environ 15 litres chacun), etc.

Au château se trouvait également le trésor de Mozac, contenant les reliques de saint Austremoine ; Philippe Auguste en ordonne la restitution à ce monastère.

La conquête de l'Auvergne ouvre au souverain français la route de Guyenne, alors au pouvoir de la couronne d'Angleterre. Guy de Dampierre est nommé Connétable d'Auvergne ; Guy II se retire à Combraille où il meurt une dizaine d'années plus tard, presque entièrement dépouillé de ses biens. Guillaume X, son héritier, proteste contre la confiscation de ses domaines et se ligue avec divers seigneurs contre Archambaud de Dampierre, fils et successeur du Connétable d'Auvergne. Celui-ci, ne parvenant pas à réduire à l'obéissance ces turbulents seigneurs, se démet de sa charge en 1229. Alphonse, comte de Poitiers, second fils de Louis VIII, avait reçu le comté d'Auvergne en apanage le 12 juin 1225. Après de longues négociations, Guillaume recouvrera une

(3) Guy de Dampierre était accompagné, entre autre, du chef de routiers Cadoc. Ce dernier et sa bande se trouvaient depuis longtemps soldés par le roi de France au prix de 1 000 livres par jour.

Ci-dessus : **La façade sud-est du château permet aussi de découvrir, sur un même alignement, ses deux donjons. A droite, la construction quadrangulaire primitive du XIIᵉ siècle ; à gauche, l'imposant donjon édifié deux siècles plus tard. Elle révèle les différentes évolutions dans l'aménagement du château réalisées successivement par Hugues de La Roche, son petit-fils Antoine et Jean l'Albon de Saint-André au cours des XIVᵉ, XVᵉ et XVIᵉ siècles : édification du donjon circulaire, percement de fenêtres plus larges desservant plusieurs pièces de vie.** (M.M.)

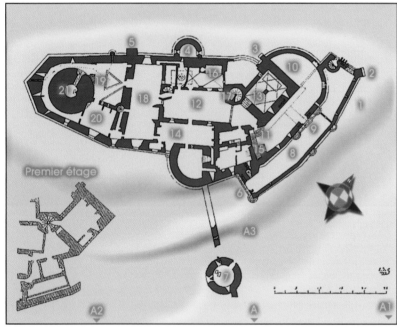

**Plan du château de Tournoël**

**A - Petite basse-cour.**

**A1 - Chapelle Sainte-Foy (XIIIᵉ siècle). Reconstruite par Antoine de La Roche au XVᵉ siècle, puis ruinée au cours du siège de 1596.**

**A2 - Emplacement présumé du « jardin potager et cultures ».**

**A3 - Grande basse-cour.**

**1. Grande écurie (seconde moitié du XVᵉ siècle). Construite par Antoine de La Roche.**

**2. Contre-mur nord.**

**3. Poterne nord-ouest.**

**4. Tour de défense nord-ouest.**

**5. Contre-mur nord-ouest.**

**6. Entrée principale actuelle.**

**7. Tour de la garde, dite « Tour des miches ».**

**8. Rampe d'accès porte II.**

**9. Porte II.**

**10. Cour du donjon carré.**

**11. Porte III.**

**12. Seconde cour.**

**13. Donjon carré et chambres.**

**14. Chambres et oratoires.**

**15. Escalier du chemin de ronde au-dessus de la rampe d'accès porte II.**

**16. Cuisine et citerne.**

**17. Tourelle menant aux étages, à la galerie de la chapelle et à la plate-forme du donjon carré.**

**18. Grand'salle.**

**19. Parterre du bassin triangulaire.**

**20. Chambre dite « de la châtelaine ».**

**21. Donjon circulaire.**

faible partie des terres dont Philippe Auguste s'était emparé ; elles formeront un nouveau comté dont Vic-le-Comte sera la capitale. L'apanage d'Alphonse se compose dès lors de la terre d'Auvergne proprement dite, du Poitou, de l'Aunis, de la Saintonge et de la suzeraineté du comté de la Marche. Le roi Louis IX le met en possession de cet apanage en 1241. Le 26 août 1249, Alphonse épouse Jeanne, fille unique du comte Raymond de Toulouse, peu avant de s'embarquer à Aigues-mortes pour participer à la septième croisade. Fait prisonnier à la bataille de Mansourah avec son frère, il est racheté et retourne en France en 1250. Dans l'intervalle, Raymond de Toulouse était mort, instituant sa fille pour seule héritière ; Alphonse devenait par le fait le plus puissant feudataire du royaume. Il ne semble avoir fait que de courtes apparitions en Auvergne ; deux chartes datées de Tournoël stipulent un séjour au château au mois de juillet 1251 ; le 14 août 1254, il se rend

à Clermont pour accueillir Louis IX revenu de terre Sainte. Alphonse et Jeanne s'embarquent à la fin du mois de mai 1270 pour la huitième croisade mais, atteints par la peste, ils meurent tous deux à Savone en août de la même année (4). A la mort du comte de Poitiers, Philippe le Hardi son neveu, et Charles, roi de Sicile, se disputent la propriété de la terre d'Auvergne ; mais, un arrêt du parlement en date du 2 novembre **1283** l'adjuge au roi de France, en vertu de l'acte de donation ratifié par Louis VIII en 1225.

## La seigneurie de Tournoël

L'assise castrale de Tournoël, repose sur une arête granitique d'une largeur moyenne de 25 mètres, sur une longueur d'environ 75 mètres. Les escarpements en sont défendus, au nord, par le ravin de Barreaux ou de Barret, d'une profondeur de 100 mètres ; à l'est et au midi, par des pentes abruptes ; le côté de l'ouest est dominé par le Puy-de-la-Bannière. Les basses-cours s'étendent plus bas, à l'est et au sud-est. Protégé au septentrion par

le ravin de Barret, le château était autrefois entouré, sur les trois autres côtés, par des fossés (« *vallis profundissimis* » disent les chroniqueurs), qui augmentaient encore le relief des murailles. Leur largeur atteignait, à la partie supérieure, environ 20 mètres à l'ouest, et 26 à 28 mètres au midi ; leur profondeur variait de 11 à 12 mètres, à compter de la base des remparts. Primitivement, Tournoël n'était entouré que d'une seule muraille dont les vestiges forment encore la principale enceinte ; elle suit assez exactement le contour irrégulier du rocher sur lequel elle est bâtie. L'ensemble de ces caractéristiques illustre parfaitement l'appellation de « *Castrum inexpugnabile* », mentionnée dans les chroniques de Saint-Denis, au sujet du siège de 1213. Par le fait, Tournoël ne fut jamais pris de vive force avant le XVIe siècle ; l'artillerie seule, put le réduire.

A l'aube du XIVe siècle, Philippe le Bel, soucieux d'augmenter la puissance royale en Limousin, convoite la possession de différentes places-fortes, dont la plus importante se trouve être celle de Chalucet. Celle-ci appartenait à Géraud de Maumont, archidiacre de Limoges, conseiller du roi, gouverneur de Bourgogne pour Marguerite, vicomtesse de Limoges. Géraud l'avait acquise en 1275 (5) ; mort en 1300, Géraud de Maumont avait institué ses neveux pour héritiers : Guillaume et Pierre de Maumont, fils de son frère Pierre. Philippe IV obtint d'eux la cession de l'ensemble des châteaux qu'ils possédaient dans les diocèses de Limoges et de Périgueux. En échange, il leur céda, notamment, les châteaux et châtellenie de Tournoël, de Châteauneuf (canton de Manzat), de Châtelguyon (canton de Riom) et de Cébazat (canton de Clermont) avec la haute et basse justice, les hommages et les forêts en dépendant. Ces conventions, conclues en 1306 et 1307, seront arrêtées définitivement à Paris par un acte du 12 février **1313**. Les **sires de Maumont** entreront de suite en possession de leurs nouvelles terres et biens. Dès le mois de juillet de la même année, **Pierre de Maumont** cède à Jean de Calcat la montagne appelée Puy-de-Chopine ; il est qualifié de seigneur de « Tournoille » et de

(4) L'un des actes principaux de l'administration d'Alphonse fut la charte qu'il octroya à Riom en 1270, que l'on appela l'Alphonsine. Cette charte, confirmant les anciennes coutumes et franchises de la cité, sera étendue aux autres communautés de l'Auvergne, et deviendra comme le code de droit public de cette province durant tout le Moyen Age.

(5) La famille de Maumont tenait l'un des premiers rangs dans la noblesse limousine, où elle était connue dès l'an 1088. La châtellenie dont elle tirait son nom, était située à proximité de Tulle (Corrèze).

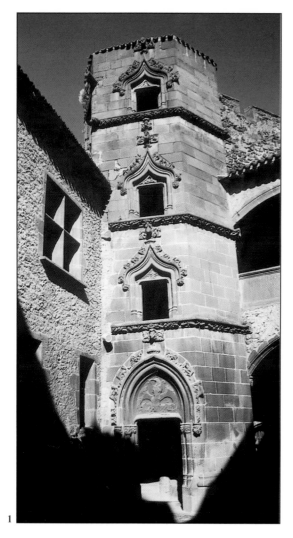

1

**1.** *La tourelle d'escalier, à l'est de la seconde cour, présente de riches ornements de style flamboyant. Encadrant la porte jusqu'à la moitié de sa hauteur, des colonnettes engagées dans la muraille supportent les archivoltes surmontées par des arcs en accolade. Au-dessus courent des feuillages, dont la partie supérieure s'épanouit en bouquets. Parmi les différents décors végétaux, on peut reconnaître des chicorées, des choux et des chardons. Un oiseau aux ailes déployées, presqu'entièrement martelé, décorait le tympan de la porte.* (M.M.)

**2.** *Le chemin de ronde sud-est surplombe les bâtiments de la seconde cour et mène à l'entrée principale du donjon. On aperçoit le haut du donjon carré flanqué de sa tourelle d'escalier.* (M.M.)

**3.** *La porte de la galerie où se situe la chapelle est magnifiquement décorée ; cette porte permet de rejoindre l'escalier flanquant le donjon carré. Des feuilles de choux ornent les chapiteaux et les culs-de-lampe. Les crochets rappellent des feuilles de chardon ou de chicorée très découpées.* (M.M.)

**4.** *Une Annonciation se détache en bas-relief sur le tympan de cette porte : la Vierge est dans l'attitude de la prière et un ange, un genou à terre, lui présente un phylactère sur lequel est inscrit : Ave Maria gracia plena. La partie supérieure s'enroule autour d'un lis que supporte un vase élancé. Cette Annonciation date du XVe siècle.* (M.M.)

2

3

Châteauneuf dans un hommage que lui rend Delphine de Vigoche, le samedi après l'Assomption 1342, et de seigneur de « Tournoille » et de Cébazat dans un hommage rendu en l'an 1329 par Jean de Blanzat. Pierre meurt avant le 10 mai **1345**, laissant pour héritière sa fille unique, Marthe, épouse de Géraud, seigneur de La Roche-en-Limousin. Quant à Guillaume de Maumont, il reçoit différentes terres en dehors de l'Auvergne, à la suite de l'échange de 1313. Il paraît cependant, avoir conservé des droits sur celles de Tournoël et de Châteauneuf, car ses héritiers les abonneront lors des tractations les 14 juillet 1345 et 4 décembre 1348 (6).

La **maison de La Roche** possédait une terre située aux environs de Tulle. Dans un acte de foi et hommage rendu le dimanche avant les Cendres 1271, par le vicomte Aimery, à Marguerite vicomtesse de Limoges, cette terre est désignée sous le nom de « *Rupès Cavardi* » (Roche-Chouard, « *Rocca Cavardi* »), ce qui semble indiquer que son possesseur appartenait à la maison de Rochechouard, dont la famille de La Roche portait les armes et prétendait descendre. Marthe de Maumont avait apporté en dot les seigneuries de Maumont et de Châteauneuf ; celle de Tournoël vient s'ajouter à ses possessions après le décès de son père. Géraud et son épouse ne paraissent pas avoir vécu en Auvergne, et la date de leur mort demeure inconnue. De ce mariage naquit un fils, **Hugues de La Roche**, qui épouse, vers **1343**, Dauphine Rogier, fille de Guillaume, comte de Beau-

(6) La maison de Maumont portait : «  d'azur au sautoir d'or cantonné de quatre tours d'argent maçonnées de sable ».

4

fort en Anjou. Dauphine était nièce du pape Clément VI et sœur de Pierre Rogier qui, plus tard, occupera le trône pontifical, sous le nom de Grégoire XI. Cette prestigieuse alliance procure à **Hugues de La Roche** de grands avantages. Le souverain pontife le nomme maréchal de sa cour et gouverneur du Comtat-Venaissin ; son influence ne tarde pas à devenir considérable dans la province.

En 1356, les Anglais font leur apparition en Auvergne et, pendant 25 ans, leurs détachements, auxquels se joignent des bandes de routiers et d'aventuriers de toutes nationalités, ravagent la terre d'Auvergne (7). De 1363 à 1387, Pont-du-Château, Usson, Miremont, La Roche-Sanadoire, Murat-le-Quaire, Montferrand, Mercœur et de nombreuses autres places-fortes tombent en leur pouvoir. Malgré tout, Duguesclin, Boucicaut, Louis II de Bourbon, le seigneur d'Apchon et Hugues de La Roche, nommé capitaine général de la Basse-Auvergne en **1359**, les pourchassent sans relâche et reconquièrent plusieurs forteresses. Un traité est conclu le 4 avril 1364 pour l'évacuation, par Séguin de Badafol et autres capitaines, des montagnes d'Auvergne et du Velay ainsi que d'une partie du Gévaudan relevant du Dauphiné d'Auvergne, moyennant 40 000 florins d'or, 1 000 marcs d'argent et la promesse de leur faire obtenir l'absolution du pape et le pardon du roi. Ce traité est ratifié par les députés des bonnes villes d'Auvergne le 30 du même mois. Cependant, la lutte n'est pas achevée ; les forces ennemies, toujours renouvelées, portent leurs dévastations sur tous les fronts. Hugues de La Roche se distingue particulièrement en 1370, lors de la défense de Limoges contre le prince de Galles ; frappé d'admiration pour sa valeur et celle de ses deux compagnons, Roger de Beaufort et Jean de Lavie de Villemur, qui arrêtaient presque seuls son armée, le prince accorde en leur faveur quartier aux habitants. Hugues assiste aux Etats de la province, réunis à Clermont, les 24 septembre 1385, 13 octobre 1392, 20 novembre 1393 et 4 avril 1394 au cours desquels sont votés d'importants secours en hommes et argent, pour l'expulsion des Anglais (8). Ces diverses dépenses, liées à celles plus considérables encore occasionnées par une guerre sans trêve, ont grevé le trésor du seigneur de La Roche. Par un acte du 16 mai 1395, il vend à Oudart, seigneur de Chazeron, le château de Châtelguyon, moyennant 3 000 livres. En 1373, les Anglais s'étaient emparés de la place de Bosredon ; Géraud III Dacbert, dit le Camus, qui l'avait vaillamment défendu, se réfugie à Tournoël, distant de deux kilomètres (9). L'ennemi, convoitant la place, s'avance presque sous les murs ; mais, sa prise d'assaut ne lui semble pas offrir de chances de succès, car il ne fait aucune tentative afin de s'en emparer.

Le 19 juillet **1383** Hugues de La Roche est nommé grand chancelier de France ; en 1398, il fait donation à l'église cathédrale de Clermont d'une rente annuelle de 3

livres, pour la célébration d'offices. La date de sa mort se situe cette même année. Il paraît probable d'attribuer à Hugues de La Roche, l'ensemble des travaux réalisés dans la partie sud-ouest du château. Lorsque la tourelle de l'escalier du donjon circulaire a été construite, les effets de l'artillerie devaient être encore mal connus, car elle fut placée à l'endroit le plus exposé. Le donjon, quant à lui, est bâti à l'extrémité sud-ouest de la cour du « bassin » ; cette cour était fermée, du côté opposé, par une épaisse muraille qui l'isolait complètement.

De son mariage avec Dauphine Rogier naquirent cinq enfants, trois fils et deux filles : Jean, Hugues, Nicolas, Marthe et Dauphine. Nicolas devint seigneur de Châteauneuf et de « Tournoille ». Dans un aveu, rendu le 1er août 1403 au duc de Berry, **Nicolas de La Roche** se qualifie également de seigneur des châteaux et châtellenies de Volvic, Cébazat, Saint-Gervais et Miremont. Par contrat du 7 août **1404**, il épouse Alix de Chauvigny (Ahelips de Chovigny), fille du seigneur de Blot.

*Ci-dessous :* **Du sommet du donjon carré, dont la hauteur est de quinze mètres, on découvre la toiture du corps de bâtiment au nord-ouest puis le grand donjon et sa remarquable ceinture de mâchicoulis s'élevant à 18,25 mètres au-dessus du sol de la seconde cour. La hauteur complète de la construction est de 32,50 mètres au-dessus du rocher formant talus au dehors ; son diamètre est de 10,55 mètres et l'épaisseur de ses murs atteint 3,85 mètres jusqu'à une hauteur de 14,40 mètres pour diminuer ensuite à 2,65 mètres ; ce donjon renferme un rez-de-chaussée et trois étages voûtés en calottes sphériques.** *(M.M.)*

*L'une des clefs de voûte de la galerie, sculptée aux armes de la famille d'Albon, « de sable à la croix d'or, lambel brochant sur le tout ».* *(M.M.)*

(7) Ces soldats pillards étaient conduits par Séguin de Gontaut, seigneur de Badafol, Arnaud de Cévolles, Olim Barbe, Aymerigot Marchès, Robert Knolles, Geoffroy Tête-Noire, Perrot le Béarnais, etc.

(8) Lors des Etats de 1356, la noblesse avait été taxée à la moitié d'un dixième et demi de ses revenus.

(9) Hugues de La Roche l'autorisera à construire à Volvic « hostel et chastel », avec droit de girouettes et fossés.

*Ci-contre :* **Le manteau de la cheminée du premier étage du donjon carré laisse apparaître des moulures saillantes au-dessus desquelles court un cordon de feuillages et de fruits. Le cordon supérieur est sculpté de feuilles de vigne et de grappes de raisin altérées ; la décoration du cordon inférieur semble présenter des feuilles de sénéçons agrandies. La pièce où se trouve cette cheminée était appelée « chambre du trésor ».** *(M.M.)*

*Au rez-de-chaussée, l'une des deux chambres « basses » dite « chambre de Monsieur » ; à gauche, une petite ouverture débouche sur un oratoire construit dans l'épaisseur de la muraille. À l'étage, la seconde chambre « devant la chapelle » ou « chambre regardant la basse-cour du côté de nuit ». La simplicité du style des cheminées permet de les dater du xvᵉ siècle.*
*(M.M.)*

Cette union verra naître sept enfants : Jean, Antoine, Philibert, Marguerite, Jeanne, Dauphine et Miracle. Nicolas de La Roche s'éteint en l'an **1428**. **Jean de La Roche** épousa, en 1419, Louise de La Fayette, l'une des filles du maréchal Gilbert de La Fayette et de Dauphine de Montrognon (10). Nicolas de La Roche, par contrat, avait constitué en dot à Jean, sous réserve d'usufruit, le château de Tournoël et assigné en douaire à Louise, la terre de La Roche, ou celle de Cébazat, selon son choix. De son côté, le maréchal de La Fayette dotait sa fille de 3 500 livres, pour tous droits paternels et maternels. Jean de La Roche se distingue dans différentes expéditions auxquelles il prend part contre les Anglais, et, en récompense de ses services, fut fait chevalier le 16 mai **1420**. Il trouve la mort à la bataille de Verneuil le 14 août **1424**. Trois enfants étaient issus du mariage de Jean avec Louise de La Fayette : Antoine, Alix et Catherine.

Nicolas de La Roche, ayant survécu de quatre années à son fils, le règlement de la succession de celui-ci fait naître de graves tensions entre la jeune veuve et ses beaux-frères, qui se refusent à exécuter les clauses du contrat du 11 juillet 1419. Ceux-ci se sont installés dans Tournoël, et en percevaient tous les revenus, ainsi que ceux du Châteauneuf, Saint-Gervais, Cébazat et Miremont. Sur la requête de Louise de La Fayette, une sentence de la sénéchaussée d'Auvergne, du 18 août 1428, ordonne la mise sous la main de la justice de ces châtellenies, et le séquestre est apposé les 23, 26 et 27 septembre suivants. Par la transaction du 11 juillet 1419, les beaux-frères de Louise de La Fayette vont consentir la délivrance du douaire qui lui avait été constitué par son contrat de mariage.

**Antoine de La Roche**, qui avait embrassé la carrière des armes, passe les premières années de sa jeunesse dans l'atmosphère des campements ; il se distingue, notamment, au siège de Montereau (1437) ; Charles VII l'a à ses côtés lors de son entrée dans Paris, récemment libéré des Anglais. Antoine restera toujours fidèle à son souverain et refusera de prendre part à la Praguerie, dont Charles de Bourbon, duc d'Auvergne, sera l'un des chefs

principaux (1440). Au mois de janvier **1448**, le seigneur de La Roche épouse Jeanne de La Vieuville, cousine d'Agnès Sorel. Les premières années du mariage se passent sans incident ; Antoine fait effectuer à son château de Tournoël des travaux d'embellissement considérables, afin d'en rendre le séjour plus agréable à sa jeune épouse. Il fait modifier la distribution intérieure du château et éclaire les appartements par de larges baies ; de nouvelles constructions apparaissent, dont la grande écurie, située au nord, en appui sur le mur d'enceinte. Quelques années plus tard, la ligue du Bien Public, à la tête de laquelle se trouve Jean II duc de Bourbon, jette le trouble en Auvergne. Antoine de La Roche refuse de s'y associer ; il somme, au contraire, ses vassaux *« qu'ils se mettent en état et habillement de guerre suffisant pour l'accompagner et servir et aller au service du Roy et marcher contre les révoltés »* (Commission du 6 mars 1464. Sommation du 15 mai 1465). Le duc de Bourbon, s'étant emparé de Riom, Louis XI vient en personne mettre le siège devant la cité, qui lui est rendue par traité le 4 juillet **1465**. La même année, en récompense de ses actes, le roi nomme Antoine conseiller et chambellan de sa cour. Néanmoins, Jean de Bourbon ne lui pardonne pas cette fidélité vassalique ; le seigneur de La Roche, prétendant ne relever que de la couronne, s'est en effet abstenu de rendre au duc foi et hommage. Jean II le fait capturer au mois de mai **1478** et emprisonner à Moulins, avant de le faire transférer à la Conciergerie de Paris ; il prescrit en même temps à Louis du Breuil, capitaine des archers de sa garde, de mettre sous séquestre le château de Tournoël (11). Jeanne de La Vieuville, qui se trouve au château en compagnie de ses trois filles « Loyse, Anne et Marguerite », n'oppose aucune résistance, et du Breuil prend possession de la place le 15 du même mois. Son premier soin est de faire dresser par Benoît Taillandier, en présence de plusieurs hommes de loi, du 15 au 27 mai, un inventaire détaillé *« de tous et chacuns les biens meubles estans* (dans) *led. chastel de Tournoelle. »* La lecture de cet inventaire, révèle l'absence complète de pièces d'argenterie ou d'orfèvrerie ; les coffres et étuis trouvés dans l'une des salles du donjon sont vides ; la vaisselle « d'estaing » seule, est restée en évidence. Antoine de La Roche, prévoyant la saisie de son château, avait pris garde de mettre en sûreté ses objets les plus précieux, ainsi que la plupart de ses chevaux. Mais, si les bijoux font défaut, les riches ajustements, les fourrures en particulier, se retrouvent en grand nombre. Jeanne de La Vieuville assiste d'abord à l'état des biens avec ses filles, et c'est à elle qu'est confiée la conservation des clefs. Un arrêt du parlement du 18 janvier 1479 ordonne la restitution de la place de Tournoël : le 15 juillet suivant, le seigneur de Beaufort dresse le compte des recettes et dépenses depuis le jour de l'occupation jusqu'à la date susdite ; il refuse toutefois de quitter le lieu sans en avoir quitus. Antoine de La Roche n'obtient son élargissement et la restitution de ses biens, qu'en exécution de lettres patentes délivrées à Tours le 31 octobre 1480, et d'un arrêt du parlement du 30 octobre de l'année suivante. La bonne entente paraît se rétablir entre le duc d'Auvergne et le seigneur de Tournoël ; le 14 octobre 1485 le duc nomme *« son amé et féal écuyer d'écurie Jehan de Tournoille »* capitaine châtelain de Nonette (il n'occupera cette fonction que durant une année, et est remplacé, le 31 octobre, par Antoine de La Fayet-

---

(10) Le maréchal de La Fayette fut l'un des principaux chefs qui aidèrent Jeanne d'Arc à chasser les Anglais ; il tua de sa main le duc de Clarence à la bataille de Baugé (1421). Il mourut en 1463.

(11) Cette mainmise ou saisie féodale donnait au seigneur dominant le droit de jouir du fief de son vassal aussi longtemps que la cause qui l'avait motivée subsistait.

te). Les dernières années de la vie du seigneur de La Roche seront troublées par de longues contestations avec ses vassaux, au sujet des droits de Guet, de Consulat et d'Assemblée. Il meurt vers la fin de l'année 1493, sans avoir vu achever les travaux entrepris à Tournoël ; il laisse cinq enfants : Jean, Louis, Anne, Marguerite et Antoine. Jean de La Roche reste seul propriétaire de la succession de son père. Jeanne de La Vieuville, donataire de l'usufruit de Tournoël, en vertu de son contrat de mariage, est envoyée en possession de son legs par un arrêt du 6 décembre 1497. On ignore l'époque de son décès, mais elle n'est plus en vie le 29 avril 1502.

Puis le château passe dans la maison d'Albon de Saint-André, connue dans le Lyonnais dès 1250. Jean d'Albon fera exécuter d'importantes réparations au château, notamment à la basse-cour, au début du XVIe siècle. En 1579, Tournoël passe de cette famille à celle d'Apchon. Charles d'Apchon refuse de suivre la Ligue et rejoint l'armée royale en 1582 ; Tournoël est mis en état de défense. En avril 1590, le maquis de Canillac assiège le château, en vain. Mais la Ligue progresse et Tournoël est investi dans la nuit du 17 mars 1594 ; le castel est livré au pillage. Mais, en 1596, assiégés à leur tour, les ligueurs capitulent ; une brèche a été ouverte dans le donjon. En 1734, le château est complètement délaissée par ses propriétaires. Ce sont alors, en 1770, les de Chabrol-Tournoël qui conservent le château jusqu'en 1996. Quelques années dans la famille de Rohan-Chabot, par héritage, Tournoël est acheté par Claude Aguttes, féru d'art et d'histoire, en août 2000. Il s'est attaché à la sauvegarde de ce monument. Parachevant, une première tranche de travaux, lors des **Etés de Tournoël**, depuis 2001, en juillet et en août, le château est animé par des troupes de reconstitution médiévales qui s'attachent à reproduire la vie castrale au XIIIe siècle.

**Renseignements :**
Château de Tournoël
1, route des Remparts
63530 Volvic
Tél. : 04 73 33 53 06.
**Visites :** du 1er avril au 30 juin, de 14 h à 18 h.
  du 1er juillet au 31 août, de 10 h à 18 h.
**Entrée :** Adultes : 4,57 €
  Enfants : 3,05 €
  Groupes sur demande.

**Bibliographie :**
- *Grand dictionnaire Historique du département du Puy-de-Dôme.* Basse Auvergne, par Ambroise Tardieu, 1877.
- *Le château de Tournoël*, par E. Gatian de Clerambault, Paris, Librairie ancienne Honoré Champion, éditeur, 1910.
- *Histoire de l'Auvergne.* Sous la direction d'A.-G. Manry. Edouard Privat, éditeur, 1974.
- *Végèce et la culture militaire au Moyen Age.* Philippe Richardot, Ed. Economica, 1998.
- *Histoire des communes du Puy-de-Dôme.* Sous la direction d'A.G. Manry. Editions Horvath, 1991.

**Remerciements :**
- Monsieur et Madame Claude Auguttes.
- Monsieur Albertt Chambaudie.
- Les personnels de la Bibliothèque Municipale de Riom.

*La cuisine, mentionnée dans un procès-verbal de 1596, a remplacé un cellier qui existait encore en 1478. Cette pièce, comportant plusieurs voûtes, est coupée dans l'axe de la porte d'entrée, au fond, par un mur qui l'isole du réduit de la citerne. Proche du pilier carré central, on découvre le foyer d'un « potager » à trois orifices. La vaste cheminée rendre à l'occasion avec la saveur des préparations culinaires médiévales.* (M.M.)

*« Les étés de Tournoël » animent le château chaque été avec des reconstitutions de l'époque médiévale.* (M.M.)

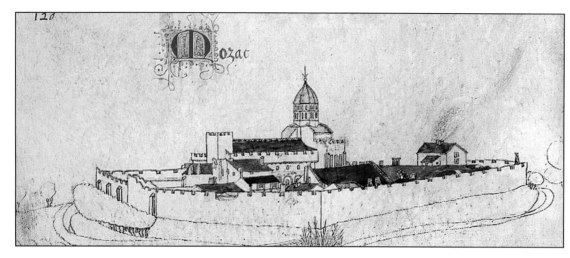

*Ce dessin de l'Armorial montre l'abbaye de Mozac depuis le sud-ouest. L'église romane fortifiée est défendue à l'ouest par une tour crénelée coiffant le massif occidental carolingien. Tout l'édifice est entouré de créneaux. On aperçoit trois arcades nord du cloître dont il ne reste rien. L'ensemble, avec ses bâtiments conventuels, est entouré, vers 1450, par une vaste enceinte crénelée, aménagée au milieu du XIVᵉ siècle. Les restes de cette abbaye se dressent entre Tournoël et Riom.* (BNF, Ms. fr. 22297, f° 120.)

# Mozac

Fondée sous le règne de Thierry III (673-690) par Calminius, riche patricien, et par sa femme Namadia, l'abbaye de Mozac (1) connut une grande renommée. Son fondateur, appelé « duc d'Aquitaine et comte d'Auvergne », y fut enseveli et canonisé par la voix populaire. En 764, Lanfred, abbé, obtiendra de Pépin le Bref le transfert du corps de saint Austremoine, premier apôtre de l'Auvergne, de Volvic à Mozac. Après les dévastatrices incursions normandes des IXᵉ et Xᵉ siècles, une vaste église est reconstruite, préfigurant par ses dimensions l'édifice roman. A l'automne 1095, lors du concile de Clermont, l'évêque Durand, en accord avec Robert comte d'Auvergne, donnera le monastère à saint Hugues, abbé de Cluny. Son neveu, Hugues de Semur, devient supérieur de Mozac en 1102. Pierre le Vénérable, abbé de Cluny, issu de l'illustre famille auvergnate de Montboissier, nomma son frère Eustache à l'abbatiat de Mozac en 1131. Celui-ci serait à l'origine de l'édification de l'église romane du site. En 1165, une bulle du pape Alexandre III, place l'abbaye sous la protection spéciale du Saint-Siège et énumère toutes les églises et propriétés relevant de Mozac ; Louis VII confirmera ces privilèges en 1169.

Au cours du XIIIᵉ siècle, l'abbaye connaît une période de grande prospérité sous l'abbatiat d'Aymeric de Mercœur ; le monastère compte plus de cinquante religieux profès, auxquels viennent s'ajouter les novices, les frères convers et les oblats. Au siècle suivant, l'école tenue par les moines de Mozac jouit d'un grand prestige et accueille près de 300 élèves. Dans les dernières décennies du XVᵉ siècle, l'abbé Raymond de Marcenat fait entreprendre des travaux considérables à l'église ; le transept et le chevet roman disparaissent. En 1463, Louis XI se rend en Auvergne à la tête d'une forte armée afin de soumettre les initiateurs de la Ligue du Bien public. L'armistice fut signé à Mozac où le roi assista à l'office au chœur et fit don d'une croix processionnelle. Les premières années du XVIᵉ siècle connaîtront, avec la nomination de Louis II de la Chassagne, le dernier supérieur régulier de l'abbaye. La décadence de Mozac débute et s'accentue au cours du siècle suivant. En 1705, six moines seulement demeurent au monastère. L'église est classée monument historique en 1839 ; le trésor, sauvé à la Révolution, est dilapidé : la croix processionnelle disparaît vers 1870 ; une étoffe byzantine, datant du VIIIᵉ siècle, est vendue 8 000 F or au musée historique des tissus de Lyon. Seule, la châsse de saint Calmin sera épargnée.

(1) L'ancienne orthographe était Mozat.

*Ci-dessous : **Linteau du XIIᵉ siècle, dit « de l'Hommage », découvrant la cour de l'ancien cloître.** (M.M.)*

**Renseignements :**

Abbaye de Mozac, Cure, 22, bis, rue de l'Abbaye, 63200 Mozac. Tél. : 04 73 38 12 03.

**Bibliographie :**

- *Auvergne Romane*, Abbé Bernard Craplet, Editions Zodiaque, 1955.

*Ci-contre à gauche : **La résurrection du Christ annoncée aux femmes. Chapiteau du XIIᵉ siècle.** (M.M.)*

*Ci-contre à droite : **Les quatre Anges de l'Apocalypse, détail d'un chapiteau du XIIᵉ siècle.** (M.M.)*

*« La ville et palaix de Riom » vers 1450, d'après l'Armorial. L'auteur du dessin s'est installé au nord de la butte se trouvant à côté de la route venant du Bourbonnais. Devant la cité, on aperçoit le faubourg de Layat. Riom est protégé par une vaste enceinte crénelée renforcée de tours cylindriques, parfois carrées, et aussi d'échauguettes assises sur des contreforts. Aux débouchés des deux grands axes se dressent quatre portes. Nous apercevons ici celle qui se dresse en face du faubourg de Layat : il s'agit d'une tour carrée et crénelée précédée d'un avant-corps flanqué d'échauguettes et d'une barbacane protégeant le pont-levis. C'est une ville bien bâtie, grâce à son plan géométrique rectifié par Alphonse de Poitiers. De gauche à droite, émergeant des remparts, on aperçoit tout d'abord le château (appelé ici « Palaix »), construction considérable commencée vers 1382 par le Duc Jean de Berry. La tour Bonan, donjon de l'ancien château est maintenant reliée à plusieurs corps de logis percés de fenêtres à meneaux et dont les combles sont éclairés par des lucarnes, privilégiant l'aspect résidentiel. Ces corps de logis sont reliés à la Sainte-Chapelle, édifiée au début du XVe siècle pour recevoir les reliques du Christ possédées par le duc de Berry. Le palais a été rasé vers 1830, remplacé par la Cour d'Appel, mais la chapelle subsiste, sans sa flèche. On aperçoit ensuite l'église (consacrée en 1362). Puis le beffroi domine la ville, il subsiste mais a été modifié au XVIe siècle. Enfin, l'église Saint-Aimable, avec son haut clocher à la croisée du transept, domine la cité ; sa silhouette a peu changé. (BNF, Ms. fr. 22297, f° 41.)*

## Riom

Le peuplement de la région de Riom remonte à des temps très anciens, probablement dès la période néolithique, celtique. Au cours du Ve siècle, l'évêque de Clermont envoya Amable : *« Amabilis, vici Ricomagensus presbyter »* ; administrateur de qualité, le témoignage de sa charité et sa vie ascétique, le rendirent rapidement populaire. A l'époque mérovingienne, la cité devient le siège d'une circonscription administrative : la vicairie. Autour d'un marché christianisé très tôt et de l'église où le culte de Saint Amable est pratiqué, la ville se développe et les comtes d'Auvergne y possèdent un château. La ville est conquise par Philippe-Auguste. Sous le gouvernement d'Alphonse de Poitiers, frère de Saint-Louis, les habitants de Riom obtiennent une charte de franchise dite Alphonsine. Riom venait d'acquérir son indépendance municipale. Huit consuls (leur mombre variera), assistés de seize notables - tous élus - administreront la cité. Sous le règne de Philippe III, Riom prend une grande importance ; la fonction administrative s'étoffe, le bailli royal remplace le connétable, avec résidence dans la cité. Celle-ci sera définitive en 1287 avec Jean de Trie. La justice se diversifie par la création de procureurs et d'avocats ; la municipalité s'affirme en poursuivant la construction de la ville, l'installation d'un réseau d'égouts ainsi que la réalisation de travaux d'adduction d'eau. Au milieu du XIVe siècle, Riom fait partie des treize bonnes villes d'Auvergne. En 1360, la Terre d'Auvergne est érigée en duché et Jean de Berry prend le titre de duc d'Auvergne. La cité s'embellit, de grands seigneurs viennent y prendre résidence et le duc Jean s'entoure d'une cour somptueuse. Le palais ducal sera édifé entre 1382 et 1388. La Sainte-Chapelle, de pur style gothique, en est l'unique vestige. A la mort du duc Jean de Berry, l'Auvergne passe à la puissante famille de Bourbon, mais Riom conserve ses attributions administratives.

*La Sainte-Chapelle de Riom édifiée au début du XVe siècle par le duc Jean de Berry. (M.M.)*

*Vue du château, d'après l'Armorial de Guillaume Revel. On distingue le corps de logis, percé de fenêtres à meneaux et flanqué d'échauguettes rondes (celle du premier plan a été remplacée ultérieurement par une tour ronde). Une guette est installée au sommet d'un contrefort. On remarque aussi deux bretèches et une latrine accrochées aux deux faces de murs crénelés sur lesquels s'appuient les deux ailes des logis. On remarquera l'énorme conduit de cheminée dominant le principal corps de logis. Le château est dominé par le donjon carré, couronné de mâchicoulis et d'un crénelage, qui est la partie la mieux conservée du château. Une enceinte basse entoure le château et le village.* (BNF, Ms. fr. 22297, f° 224.)

## Châteaugay

Situé à environ cinq kilomètres au sud-ouest de Riom, le castel de Châteaugay est une belle construction des XIVe et XVIe siècles, bâtie sur l'emplacement de l'ancien château éponyme de Vigosche.

Les origines de la seigneurie et de ses possesseurs demeurent obscurs. Cependant, au cours de la seconde moitié du XIIIe siècle, une trace se révèle avec **Garnier de Vigosche**, vivant en **1269**. Son successeur, Pons de Vigosche, chevalier, est seigneur du fief avant 1267 ; de son mariage avec Dame Agnès naquirent deux fils : Guillaume et Louis. Guillaume, damoiseau, seigneur de Vigosche rend hommage pour cette terre, ainsi que son frère, au chapitre cathédrale de Clermont en l'an 1276. A sa mort en **1287**, Guillaume laisse deux enfants : Poncet et Amphelize. Poncet, damoiseau, seigneur de Vigosche, s'éteignit sans descendance ; sa sœur hérite des biens de la maison de Vigosche qui, par son mariage avec Jean de Giac, passent à cette puissante famille. Leur héritier, **Pierre de Giac** fera bâtir le château actuel vers **1360**, et rebaptisera Vigosche pour Châteaugay. Le seigneur de Giac est d'abord chancelier du duc de Berry en 1358, puis chancelier de France en 1384, fonction qu'il occupera durant quatre ans. Il rend hommage de la terre de Châteaugay au duc de Berry en 1397. Hugues de la Roche, seigneur de Tournoël, avait donné à Pierre de Giac en 1379, la haute justice de Châteaugay.

Appuyé au nord-ouest par la vigie de Chazeron, le puissant donjon de Tournoël, au nord par le fort de Chastel-Guidon, le château terminait au sud, la barrière défensive édifiée par le comte d'Auvergne Guy II. L'achèvement de l'édifice dure plus d'un demi-siècle. Les murs d'enceinte, ceux de la Tour Carrée, du Fort, de la Perrière et du corps de logis ont une épaisseur de dix pieds, de la base au sommet. Un fossé de vingt pieds de large fermait son enceinte sur trois côtés ; sur le quatrième, le fossé se transformait en ravin. Quatre pont-levis donnaient accès à la forteresse. Le donjon se compose de quatre salles superposées toutes de mêmes dimensions : 6 x 6 et 6 à 8 mètres de haut. Dans chaque pièce se trouve une vaste cheminée mais, caractéristique curieuse, à chaque étage, celle-ci change d'emplacement, ce qui fait qu'aucune n'est superposée comme par exemple au château de Tournoël. Cent soixante-deux marches séparent le rez-de-chaussée de la plateforme supérieure du donjon, portant créneaux et mâchicoulis.

Pierre de Giac, marié à Marguerite de Campendu qui lui survécut, eut un fils, **Louis**, seigneur de Châteaugay, qui épouse en 1376, Jeanne Peschin, fille d'Imbau Prun, dit du Peschin, et de Jeanne Le Bouteiller. De cette union naît Pierre, deuxième du nom, seigneur de Châteaugay, premier chambellan du roi Charles VII. Jalousé pour les faveurs dont il jouissait auprès du roi, le connétable de Richemont et Georges de la Trémouille le font noyer à Dun-le-Roi, le 3 janvier 1426 ! De son premier mariage, le seigneur de Giac avait eu Louis, seigneur de Châteaugay, marié à Alix de La Roche-de-Tournoël, mort sans postérité ; Louise, dame de Châteaugay après son frère, épouse de Jacques de la Queuille. La famille de la Queuille conservera ce domaine jusqu'en 1792, date à laquelle il sera vendu comme terre d'émigrés et dénommé provisoirement Bel-Air. En 1829, le Conseil général du Puy-de-Dôme voulut raser le vieux manoir, afin que les matériaux puissent servir à l'extension du village. Un conseiller défendit la cause du château et parvint à le faire classer parmi les monuments historiques.

*Une magnifique porte gothique donne accès aux appartements du donjon de la tour carrée. Celle-ci est sculptée aux armes mi-parti des familles de Laqueuille et du Peschin. Les seigneurs de Peschin portaient : « Coupé d'argent et d'azur, à la croix ancrée de gueules sur l'argent et l'argent sur l'azur. »* (O.M.)

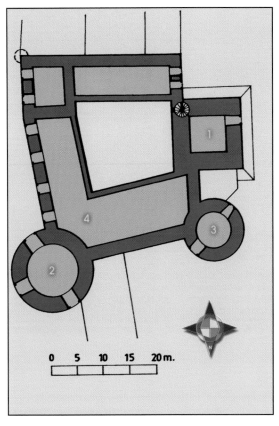

1. *Donjon dit « de la Tour Carrée ».*
2. *Tour dite « du Fort ».*
3. *Tour dite « de la Perrière ».*
4. *Corps de logis.*
*Les deux tours rondes (« 2 » et « 3 ») ont été édifiées après 1450.*

**Bibliographie :**

« *Le château de Châteaugay de Basse Auvergne* », Pierre Fassone, Ed. G. de Bussac, 1967.

« *Châteaugay et son seigneur* », Marc de Vissac, Riom, 1880.

**Renseignements :**

Mairie de Châteaugay, place Lucien Bayle, 63119 Châteaugay. Tél. : 04 73 87 24 35.

## Riom, le musée Mandet

La richesse et la diversité de son fond patrimonial présente une remarquable collection d'œuvres statuaires, d'objets et de mobilier de l'époque médiévale. Une visite incontournable.

**Renseignements :**

Musée Mandet, 14, rue de l'Hôtel de Ville, 63200 Riom. Tél. : 04 73 38 18 53 - Fax : 04 73 38 73 05.

*Vierge et l'Enfant en Majesté. Statue reliquaire en bois de chêne, primitivement polychrome. Œuvre du XIIᵉ siècle, exécutée en Auvergne dans la région de Clermont.* (M.M.)

*Coffret de mariage. Os, primitivement polychrome ; bois et bronze. La caisse est ornée, sur ses quatre faces, de dix-sept plaques d'os sculptées d'hommes et de femmes en conversation. Le coffret repose sur quatre tortues de bronze. Œuvre de la première moitié du XVᵉ siècle, exécutée à Venise ; école des Embriachi.* (M.M.)

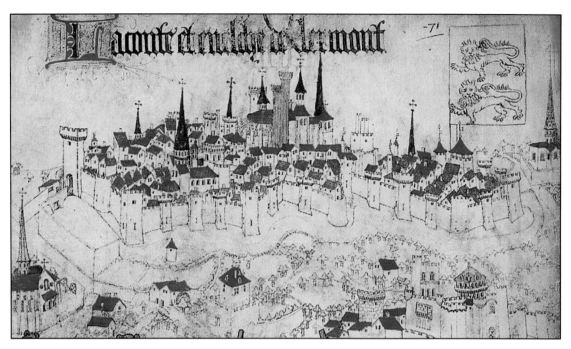

*Sur cette vue de l'Armorial, serrée dans son enceinte crénelée flanquée de tours carrées et de tours-portes carrées, la ville de Clermont est dominée par sa cathédrale et son château comtal et les flèches de diverses églises. A gauche, on distingue la route sortant de Clermont par la Porte Champet, reliant la ville à la grande voie nord-sud. On aperçoit à gauche l'église du couvent des Dominicains, construction gothique du XIII* siècle à nef unique et à chevet plat ; sa situation hors de l'enceinte rendait sa défense difficile. Au centre, on distingue un petit château à donjon carré entouré d'une enceinte carrée, fief suburbain de la famille Coustave ; ce petit château de Bien Assis a été détruit, son emplacement est englobé dans l'usine Michelin. A droite, on distingue l'abbaye fortifiée de Saint-Alyre qu'on reverra à la page 20. (BNF, Ms. fr. 22297 f° 71.)*

## Clermont

*Augustonemetum* est une création romaine, ville ouverte développée sur 10 000 hectares et peuplée de 10 000 habitants qui relèvent comme toute la région de la province aquitaine. Au IV* siècle, la ville s'enferme dans les trois hectares protégés par une enceinte, ce qui constitue un des plus forts replis urbains observés alors, et resserre la ville autour de la butte centrale qui en constitue toujours le cœur entre les deux plateaux de Chanturgue au nord et de Gergovie au sud, au pied à l'ouest de la chaîne des Dômes et tournés vers la Limagne à l'est. Si on en croit Grégoire de Tours, ce repli était la conséquence de l'incursion dévastatrice du roi des Alamans, Chrocus, vers 260. C'est à cette époque-là aussi que le premier évangélisateur de l'Auvergne, Austremoine, était venu s'installer à Clermont dans un quartier nord de la ville y créant sans doute une première cathédrale et un baptistère.

A la fin du V* siècle, l'évêque Namatius bâtit sur la butte centrale une cathédrale dont Grégoire de Tours a laissé une longue description avec ses 150 pieds de long, 60 de large, 50 pieds de haut, c'est-à-dire à peu près les dimensions des églises romanes auvergnates, son plafond de bois, son abside ronde, ses ailes qui donnent une forme de croix, ses 42 fenêtres, 70 colonnes de plusieurs marbres. L'un des premiers utilisateurs est Sidoine Apollinaire qui, évêque de Clermont, anime notamment la résistance à la menace wisigothique.

Le haut Moyen Age montre une succession d'attaques dont les coups les plus violents seront portés par Pépin le Bref mais dont on mesure mal les conséquences. C'est sans doute l'évêque Etienne II qui reconstruit au X* siècle la cathédrale dans une ville étroitement enfermée dans une enceinte à cinq portes, sorte d'acropole entourée d'une muraille de 700 mètres environ. Une cité « magnifiquement défendue » écrira l'abbé Suger lorsque Louis VI tentera une première expédition en Auvergne en 1121-1122. La ville dominée par un évêque puissant

sera alors abandonnée après moult luttes intestines par le comte parti fonder une nouvelle ville, Montferrand.

Clermont restera ville épiscopale jusqu'à la fin du Moyen Age dominée à partir de la fin du XIII* siècle par sa cathédrale dont la construction ne sera jamais achevée. C'est à cette époque-là en 1262 que Louis IX marie à Clermont son fils, le futur Philippe le Hardi, avec la princesse Isabelle d'Aragon dont le père Jacques I* possède de la vicomté de Carlat en Haute-Auvergne. En 1317, le diocèse de Clermont, amputé de la Haute-Auvergne, ce qui réduit le pouvoir et les revenus des évêques. Au XIV* siècle l'enceinte de la ville inclut une superficie de 27 hectares. Au-delà des murailles aux cinq portes, elle s'est élargie à l'est au-delà de Notre-Dame du Port, à l'ouest pour enserrer les églises Saint-Pierre ou Saint-Adjutor. Les quartiers suburbains sont très peuplés et actifs en direction de Chamalières, autour de Saint-Alyre au nord, ou du couvent dominicain des cent frères près du Champ Herm au-delà de la porte Champet. Les franciscains sont, au contraire, dans la cité au-dessus de la ville-neuve de Jaude. Le tissu urbain est d'une extrême densité comme le montre l'image de l'*Armorial de Revel*.

Ville prospère de marchands et d'artisans, avec des foires, une petite colonie de marchands italiens, des familles qui ont des intérêts à Paris ou aux foires de Champagne, comme les Chauchat, Clermont est encore marquée par les luttes des habitants pour obtenir des libertés que l'évêque n'accorde qu'avec parcimonie, par la rivalité avec Montferrand, ville comtale, puis royale, et avec Riom où siège l'administration royale ou ducale. Pendant la Guerre de Cent Ans, les murailles sont réparées et la ville sera plutôt épargnée. En 1557, Catherine de Médicis, dame de Clermont, choisit la ville comme seul « chef » d'Auvergne, en faisant donc de Clermont la capitale de la province face à Montferrand et Riom, les éternelles rivales.

**Bibliographie**

A.G. Manry, *Histoire de Clermont-Ferrand*, Clermont-Ferrand, 1975 (rééd. 1990).

J. Rafin, *Clermont-Ferrand*, Clermont-Ferrand, 1987.

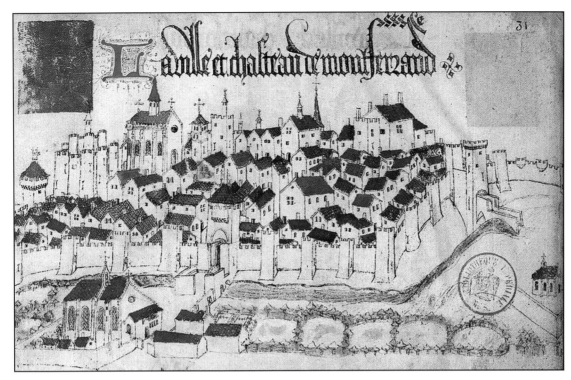

*Sur cette vue de Montferrand tassée derrière ses remparts, longs de 1 770 mètres, flanqués de tours carrées crénelées et de plusieurs portes, on aperçoit sur la gauche le château du XII<sup>e</sup> siècle, circulaire qui présentait une double enceinte flanquée de tours semi-circulaires (rasé, son emplacement se trouve Place Marcel Sembat). A côté se dresse (toujours) l'église Notre-Dame (église castrale devenue paroissiale au XIV<sup>e</sup> siècle). A proximité se dresse la « Maison de l'Eléphant » qui date du XIII<sup>e</sup> siècle. Les deux rues principales, se croisent au carrefour des Taules (nom désignant les étals des boutiques) axes perpendiculaires. (BNF, Ms.fr. 22297, f° 31.)*

# Montferrand

En 1120, le comte d'Auvergne, Guillaume VI, fonde un prieuré dans les territoires qu'il possède au nord-est de Clermont. Tenu en échec sans cesse par l'évêque à Clermont, le comte songeait-il alors déjà à la création de sa propre ville ? Suscitée par un nouvel affrontement, l'intervention de l'armée royale en 1126 précipite le processus et, au XII<sup>e</sup> siècle, la cité est le siège épisodique de la cour du comte d'Auvergne où passent le roi d'Angleterre, Henri II, ou le troubadour Bertrand de Born. Henri II y célèbre même les fiançailles de son fils Jean avec Alix de Maurienne.

La nouvelle ville subit évidemment le contrecoup du partage du comté entre Guillaume le Vieux et Guillaume le Jeune. Montferrand est dans la part de Guillaume le Jeune. Marié à la Marquise d'Albon, fille du dauphin d'Auvergne. La ville est « refondée » par la fameuse comtesse G, épouse de Robert Dauphin, et par Guillaume, futur comte Dauphin d'Auvergne, leur fils, grâce à une charte en 1196 à la suite sans doute d'une trêve qui intervint en 1195 entre le roi Richard Cœur de Lion et Philippe Auguste, laissant les coudées plus franches à celui-ci. Il s'agissait peut-être de conforter la cité avec une charte dont on a vanté le libéralisme et qui dite « de bonnes coutumes » sera souvent copiée. En 1224, la ville est apportée en dot par Catherine, la fille de Guillaume à Guichard IV, sire de Beaujeu. En 1292, le destin de Montferrand sera scellé quand Louis II de Beaujeu, leur petit-fils, vendra le 25 juillet la ville au roi Philippe le Bel qui vint en personne prendre possession de son nouveau bien. En 1630, l'édit de Troyes prévoit que la ville sera unie à Clermont. Une réunion qui ne sera effective qu'en 1731.

Au XIII<sup>e</sup> siècle, la ville était enfermée dans des remparts très hauts et longs de 1 770 mètres. On y pénétrait par quatre portes dont les deux les plus importantes étaient au nord et au sud les portes de Bise et de l'Hôpital auxquelles s'ajoutaient à l'ouest celle de Beauregard, à l'est celle de la Poterle. Intra-muros, autour d'un carrefour central, le tracé des rues suivait le plan quadrillé des bastides du sud-ouest, le nom de Montferrand désignant un monticule de rues empierrées. Quatre quartiers cohabitaient, ceux les plus ensoleillés de la Vacherie rappelaient la proximité de la campagne, la plupart des familles aisées possédant des domaines vastes dans la plaine de la Limagne. De belles maisons plus ou moins conservées donnent une idée de l'habitat médiéval comme la « maison de l'éléphant » qui tire son nom d'un éléphant peint sur sa façade, et la « maison d'Adam et Eve » de la fin du XII<sup>e</sup> siècle ou celle de la Chanterie pour le XIII<sup>e</sup> siècle. Dans un périmètre réduit, les deux seuls édifices de taille dominant la ville étaient le château seigneurial et le *Bastiment Nostra Dona*, entretenu par la confrérie du même nom. Cette chapelle Notre-Dame deviendra l'église paroissiale Notre-Dame de Prospérité dont la construction s'échelonnera sur les XIV<sup>e</sup> et XV<sup>e</sup> siècle.

Quand, en 1558, la Cour des Aides s'installera à Montferrand, il y aura une vague de belles constructions comme la « maison du Lys », les hôtels de Fontenihle ou d'Albiat.

Enfin, Montferrand possède un des plus beaux fonds d'archives de France (A.D. du Puy de Dôme) avec une remarquable série de comptes consulaires qui commence en 1258.

### Bibliographie

H. et E. du Ranquet, *Les vieilles pierres de Montferrand d'Auvergne*, Clermont-Ferrand, 1969 (2<sup>e</sup> éd.).

Collectif, *Montferrand 1196-1996*, Clermont-Ferrand, 1996.

*L'église est un édifice roman fortifié renforcé à l'ouest par un puissant massif occidental terminé par une tour-clocher flanquée de mâchicoulis. La croisée du transept est surmontée par une tour-lanterne carrée puis octogonale se terminant par un dôme côtelé. Derrière cette tour-lanterne, une petite tour carrée surmonte la rotonde du mausolée de Notre-Dame d'Entre-Saints. A côté, non visible, se dresse le mausolée de Saint-Alyre. Une vaste enceinte englobe l'église et ses bâtiments conventuels ainsi que les maisons du faubourg. On aperçoit sur la gauche un conduit de cheminée romane avec son clocheton. Cette enceinte est défendue par plusieurs tours (celle qu'on aperçoit devant le transept existe toujours). La seule entrée est protégée par une tour carrée couronnée de mâchicoulis et de créneaux. Le reste du faubourg, sur la droite, ne dispose pas d'une enceinte, à l'exception d'une tour-porte crénelée derrière laquelle on aperçoit un toit qui pourrait être celui du baptistère. (BNF, MS. fr. 22297, f° 122.)*

*Les armes de Pierre de Bonneval, abbé de Saint-Alyre en 1449.*

## Saint-Alyre

Dans un très ancien faubourg de Clermont (appelé *Vicus christianorum* par Grégoire de Tours), à l'emplacement d'un mausolée abritant les reliques de Saint-Alyre, d'un baptistère et de plusieurs sanctuaires, l'église d'une abbaye bénédictine fut édifiée ; elle était formée de la réunion de deux sanctuaires dont le mausolée du saint. Ce double sanctuaire devient ensuite le chœur d'une église romane. L'abbaye sera alors le seigneur de ce faubourg, distinct de Clermont. Mais, en cas de siège,

la présence de cette abbaye est dangereuse pour la sécurité de Clermont, elle peut devenir la base d'une armée ennemie. Elle doit donc être fortifiée, travaux coûteux, ce que nous montre le dessin. Elle nous a déjà été montrée sur la vue de Clermont (page 18) en un dessin confus mais complémentaire. En 1449, l'abbé est Pierre de Bonneval, qui sera remplacé par Louis de Comborn. L'église abbatiale a disparu, il ne reste qu'une tour de l'enceinte de l'abbaye.

*Le dessin est réalisé depuis le sud-ouest. Le paysan que l'on aperçoit vient de Clermont en se dirigeant vers Chamalières en passant entre deux murs (rue Torilhon aujourd'hui). L'église gothique est en construction montrant à gauche des vestiges de la nef romane. L'enclos de l'abbaye est à gauche avec l'église et des bâtiments conventuels et le clos du fief de Cros à droite, possédé par la famille de Géraud de Cros depuis le XIIIe siècle. Il ne reste rien de l'abbaye, l'église abbatiale a été détruite au XIXe siècle. (BNF, Ms. fr. 22297, f° 123.)*

## Saint-André

Comme Saint-Alyre, l'abbaye de Saint-André est située, dans un faubourg de Clermont, sur la route de Chamalières. Elle occuperait l'emplacement d'une ancienne basilique conservant au Xe siècle les reliques de Saint Tiridius. Les Prémontrés s'y installent au XIIe siècle et,

au XIIIe siècle, les Dauphins choisissent ce sanctuaire comme lieu de sépulture, lui amenant une prospérité qui se prolongera jusqu'au XVIe siècle. A son emplacement, les Frères des Ecoles chrétiennes ouvrent un établissement devenu le lycée technique Amédée-Gasquet.

# Chamalières

Situé au sud de Clermont, sur une légère croupe entre la Tiretaine, au nord-ouest, et un bras de celle-ci, au sud, Chamalières - « Chemalières » sur le dessin - est un site occupé dès avant l'époque romaine, lieu de culte riche en ex-votos placés dans les fontaines. Ce site restera un lieu de culte à l'époque chrétienne, un établissement de religieuses est construit là dès le VIIᵉ siècle et cinq églises vont se répartir autour de l'actuelle place principale : Notre-Dame et Sainte-Croix (très proches), au nord, Saint-Pierre au sud-est, Saint-Paul à l'ouest et Sainte-Cécile (qui deviendra Saint-Jean) au nord-est. Mais Chamalières est aussi le centre d'une seigneurie laïque de condition allodiale s'étendant dans la région de Clermont et en Limagne. La famille de Chamalières, attestée dès le XIᵉ siècle, possède là un château élevé près de l'église Saint-Paul, à l'ouest du groupe ecclésiastique. Dans la deuxième moitié du XIIᵉ siècle, c'est une coseigneurie entre deux frères de la famille de Chamalières et, avec le mariage de l'une des filles d'un coseigneur avec Guillaume Iᵉʳ Dauphin, avant 1196, l'une des deux parts de la seigneurie passe aux mains des Dauphins. Il y a alors deux châteaux, un second château est construit au sud du château primitif *(turris vetus)*. La nouvelle forteresse méridionale pourrait être l'œuvre des Dauphins. La famille de Chamalières disparaît complètement au cours du XIIIᵉ siècle. Mais les Dauphins ont des difficultés financières et engagent leur part de seigneurie dès **1196** pour un prêt de 600 livres ; ils renoncent alors à la condition allodiale de cette terre. Un alleu est en effet une terre libre ne dépendant d'aucun suzerain. Ils devront dorénavant l'hommage à l'évêque de Clermont pour leur terre de Chamalières. Finalement, en **1426**, le mariage de Jeanne Dauphin avec Louis de Bourbon fait entrer la terre de Chamalières dans un vaste ensemble, celui du duché de Bourbon.

Quant au quartier ecclésiastique, établi au nord et à l'est du quartier laïc avec cinq lieux de culte, ses diverses communautés religieuses se regroupent en un chapitre collégial unique existant dès le XIᵉ siècle et comptant 16 chanoines (12 en 1400) dont le siège est au cloître de l'église Notre-Dame. Ce lieu de culte, qui conserve encore des parties préromanes, est agrandi à l'époque

*Le dessin de l'Armorial a été fait en direction du sud-est, la localité est établie sur une éminence boisée au-dessus de la vallée de la Tiretaine. Vers 1450, l'enceinte a en grande partie disparu et « Chemalières » est alors une localité ouverte, peut être en raison de l'ordonnance de Charles V datée de 1367 et ordonnant la démolition des forteresses impossibles à défendre. De gauche à droite, on distingue la petite église Saint-Jean du Marturet (point de jonction des deux routes venant de Clermont - actuelle extrémité orientale de la rue Desaix) puis, après un large espace sans constructions, la vaste église Notre-Dame avec son narthex préroman. Suivent ensuite les maisons du bourg puis un haut édifice ruiné qui est l'ancien donjon (turris vetus) de la famille de Chamalières construit aux XIᵉ et XIIᵉ siècles et dont il reste des vestiges (« le mur des sarrasins ») au-dessus de la rue du Champgil. On aperçoit ensuite un petit édifice crénelé dont dépasse ce qui ressemble à une haute cheminée de cuisine (plutôt qu'à une arche d'aqueduc comme le pensait G. Fournier). Enfin se dresse le château des Dauphins avec une enceinte quadrangulaire crénelée formant chemise autour d'un donjon de même plan crénelé muni sur un angle d'une tourelle d'escalier dans l'œuvre et dont le sommet émerge au-dessus des créneaux. Cette tour, qui portait le nom de « tour des sarrasins », n'a été détruite qu'en 1937. (BNF, Ms. fr. 22297, f° 58.)*

romane par un chœur avec chapelles rayonnantes. Les agrandissements successifs permettront dès le XIIIᵉ siècle d'absorber l'ancienne église Sainte-Croix. L'église Saint-Pierre sera unie à l'église Notre-Dame de 1286 à 1348, paroisse à nouveau à cette dernière date pour quelques maisons seulement. Saint Paul (dont il reste quelques vestiges actuellement dans une cour de la rue Lufberry) est alors la paroisse du quartier ouest.

La localité a été protégée par une enceinte appartenant aux Dauphins qui permettent en 1305 d'ouvrir des fenêtres dans le rempart et d'y adosser des constructions. Cette enceinte existe encore au XIVᵉ siècle, altérée comme nous venons de le voir, mais plus au XVᵉ siècle, comme nous le voyons d'ailleurs sur ce dessin. Et, plus bas, dans la vallée de la Tiretaine, des moulins sont signalés dès le Xᵉ siècle. Ce sont de nombreux moulins fariniers, moulins à foulon, moulins à fer et surtout des moulins à papier. Il y a une douzaine de moulins dans la vallée aux XIVᵉ et XVᵉ siècles et la papeterie sera l'une des principales activités de Chamalières à l'époque moderne. De tout ce passé, il reste surtout l'église Notre-Dame avec son narthex et sa nef du Xᵉ siècle (datés par un denier d'argent à l'effigie du roi Lothaire - 954-968).

## Aubière

A la fin du XII<sup>e</sup> siècle, les seigneurs d'Aubière sont les **Comptour**, qui sont aussi seigneurs d'Ussel ; ils rendent l'hommage de ce fief aux Dauphins. Mais, à partir du milieu du XIII<sup>e</sup> siècle, la situation juridique est confuse, des conflits surgissent. En **1257**, Guillaume Dalmas, chanoine de Clermont, est tuteur des filles d'Eble Comptour ; il jure alors fidélité à l'évêque pour le château et le village. Les filles d'Eble Comptour épouseront finalement les neveux de Guillaume **Dalmas** ; la seigneurie passe alors dans cette famille et, dès **1263**, hommage est rendu à Robert Dauphin pour le château et le village. Mais le château est « rendable » à l'évêque à chaque réquisition. Dans les années **1306-1307**, Bernard Dalmas refuse de faire hommage à Robert III, dauphin d'Auvergne, rejetant le caractère « rendable » du château et c'est ainsi que les hommes du Dauphin, venus prendre possession du château, sont accueillis à coups de pierres par les soldats de Dalmas. Bernard Dalmas rend alors hommage à l'évêque qui soutient sa cause auprès du roi en 1308. Finalement, en **1315**, Bernard reconnaît tenir le château et la « ville » à l'intérieur des fossés du Dauphin, il reconnaît tenir de l'évêque les terres situées à l'extérieur des fossés. Ainsi, la seigneurie dépend de deux suzerains se partageant son territoire. Au milieu du XV<sup>e</sup> siècle, Annet Dalmas, seigneur d'Aubière avec son frère Guillaume, est chambellan de

*Cette autre vue extraite de l'*Armorial *nous montre Aubière vers 1450. Le dessinateur s'est placé au nord-ouest de la localité sur l'ancienne route de Clermont, point de vue identique en arrivant par la route actuelle. Le château domine la localité. C'est un quadrilatère fermé par de hautes courtines crénelées. Il est surmonté d'un haut donjon carré couronné de mâchicoulis et de créneaux et se termine par une tourelle d'escalier carrée. Il est semblable à celui de Châteaugay (voir page 16) et la silhouette générale de ce château rappelle d'ailleurs celle du donjon de Châteaugay. On trouve aussi un donjon semblable, du XIV<sup>e</sup> siècle, à Champeix (voir page 43). Sur la face orientale, le corps de logis, à deux étages, se compose de deux sections, chacune éclairée de fenêtres à meneaux et disposant d'une cheminée. Le comble est éclairé de deux lucarnes en pans de bois. Un corps de logis, à la toiture plus basse, est visible sur la face sud. Une tour carrée et crénelée, en partie munie de mâchicoulis et flanquée d'une tourelle d'escalier, est visible à l'angle nord-ouest. Ce château a été démoli au XVIII<sup>e</sup> siècle pour faire place à un château de cette époque, actuelle mairie. Le bourg s'étend à l'est du château. On distingue son église avec clocher-pignon, démoli au XIX<sup>e</sup> siècle, comme très souvent, et remplacé par une tour carrée en façade. A gauche, on distingue une tour carrée surmontée de mâchicoulis et de créneaux, il s'agit de la porte de la Quaire, située au nord, sur l'axe principal, avec la porte des Ramades, au sud (cachée par le château). Le mur de l'enceinte est bas et apparaît entre des arbres, elle est probablement inachevée lors de la réalisation de ce dessin car il en existe des vestiges avec des tours semi-circulaires. (BNF, Ms fr. 22297, f° 343.)*

Louis de Bourbon puis bailli du dauphiné d'Auvergne et du comté de Clermont. Mais, en **1488**, la dernière héritière des Dalmas épouse Charles de Montmorin. Sa petite-fille transmettra la seigneurie à la famille Jarrie en 1542.

## La Roche Blanche

Le site de ce village fortifié est très particulier. Comme à Monton, il s'appuie sur une falaise ; il occupe le versant sud de la butte sur laquelle César avait installé son petit camp pendant le siège de Gergovie. Au XV<sup>e</sup> siècle, cette localité s'appelle **la Roche-Donnezat**, nom d'origine gallo-romaine qui atteste de l'ancienneté du site, dédoublé, installé dans une combe au pied de cette falaise, à l'est-nord-est de la Roche.

Un habitat aurait pu exister là dès le X<sup>e</sup> siècle ; d'après le cartulaire de Sauxillanges (n<sup>os</sup> 233, 409), des religieux de cette abbaye font l'acquisition d'exploitations paysannes et de parcelles à Donnezat entre le milieu du X<sup>e</sup> siècle et le milieu du XI<sup>e</sup> siècle. Mais la localité semble surtout d'origine castral, une famille de **Donnezat** est citée à partir de la première moitié du XI<sup>e</sup> siècle ; les membres de cette famille porteront souvent le nom de Pons. Et, à côté de ce château, un village se développe au moins à partir de **1201** lorsque l'archiprêtre de Meldogne donne à l'abbaye clermontoise de Saint-André (voir page 20) la chapelle de la Roche. La plus ancien-

ne mention du château remonte à **1251**. Vers **1260**, Pierre de Donnezat fait l'hommage à Alphonse de Poitiers pour ce qu'il possède à Donnezat. Ainsi, au XIII<sup>e</sup> siècle, il existe, au pied de la falaise, un château, une chapelle (annexe de l'église paroissiale de Merdogne) et un village, situé aux confins de la paroisse de Merdogne. En **1353**, un Pons de Donnezat est seigneur de la Roche-Donnezat. Les habitants du village semblent se partager entre deux paroisses : la chapelle se trouve sur le territoire de la paroisse de Merdogne, dont elle est une annexe, pour la plus grande part. Mais certaines maisons sont construites sur la paroisse de Julhat-le Crest. Le dernier seigneur connu de la famille de Donnezat est Aimon de Donnezat, cité en **1410**. La seigneurie passe ensuite aux Dauphins ; elle fait partie en **1425** de la dot de Blanche Dauphine lors de son mariage avec Jean de Lespinasse.

Le dessin de l'*Armorial* nous montre le village de la Roche-Donnezat depuis le sud. Le dessinateur s'est installé en face, sur le versant méridional de la vallée de l'Auzon, entre deux chemins venant du Crest (voir page 29). Ce dessin nous montre ce site très caractéristique,

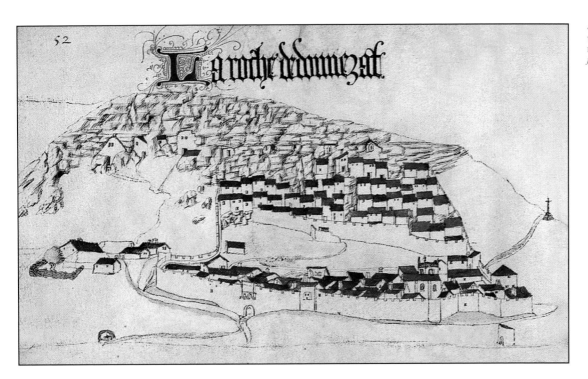

« La Roche de Donnezat » vers 1450 d'après l'Armorial. *(BNF, Ms. fr. 22297, f° 52.)*

dominé par la falaise dont les strates du rocher calcaire ont été bien dessinées. Nous avons ici un exemple de village avec des maisons troglodytiques. Nous en trouverons plusieurs autres exemples : à Monton (voir page 27) et Jonas (voir page 54). Un **premier** quartier se trouve établi dans la partie haute de la falaise, à gauche. Des grottes aménagées avec une façade maçonnée percée de portes et de quelques fenêtres étroites constituent les quelques habitats de ce secteur. Un **second** quartier est établi à l'est du précédent. Il est totalement protégé par une enceinte de murs bas et crénelés descendant de la falaise et rejoignant un troisième mur établi au pied de la pente rocheuse, sauf sur la partie gauche où trois maisons sont établies sur une plate-forme rocheuse montant jusqu'à la partie supérieure du rempart. Les maisons du haut s'appuient aussi sur la falaise, les autres s'étagent suivant la pente rocheuse jusqu'à l'enceinte. Une porte simple est ménagée au milieu de cette enceinte, protégée par un mur formant chicane et couvrant la rampe d'accès.

Les remparts venant de la falaise continuent vers le bas et forment une enceinte protégeant le **troisième** quartier. Celui-ci est séparé du précédent par un terrain vague s'étendant à mi-pente. Les maisons de ce quartier se tassent dans la partie basse, plus faiblement pentue. Dans la partie droite de ce quartier, à l'est, on distingue la « chapelle » flanquée d'un clocher carré sur sa face nord, au niveau du chevet. Tout à fait à droite, à cheval sur le rempart, on distingue un large donjon circulaire, témoignage du **château** qui pouvait se prolonger par les deux corps de logis dans l'angle sud-est de l'enceinte. De gauche à droite, cette enceinte est renforcée par une tour puis, face au sud, elle est percée d'une porte protégée par une bretèche, porte ouvrant sur le chemin venant du sud. Puis on distingue une tour carrée percée de trois ouvertures ; il s'agit d'un colombier. On voit ensuite une tour semi-circulaire sans créneaux. L'enceinte fait un rentrant avec un tracé irrégulier, avant le donjon. Au nord de ce dernier, on distingue une seconde porte percée dans une tour carrée ; elle donne sur le chemin venant de Merdogne, par Donnezat, et qui passe près d'une croix. On aperçoit aussi quelques maisons à l'ouest, au pied des habitations troglodytiques auxquelles elles sont reliées par des sentiers. On distingue aussi nettement le chemin de ronde courant à l'arrière des

remparts, bien visible dans la partie où il escalade la falaise. Ce village à flanc de coteau, avec sa double enceinte est très particulier ; Gabriel Fournier a suggéré qu'il pourrait être mis en rapport avec un partage entre deux seigneurs.

Depuis le XVᵉ siècle, le quartier haut a été abandonné, des éboulements se sont produits dans la partie orientale de la falaise. Ce quartier supérieur, appelé le *Fort*, est limité au sud par la *rue du Fort* (« 2 » sur le plan). Par contre, le terrain vague a été construit. La « chapelle » subsiste mais elle a été agrandie par des bas-côtés et le clocher a été déplacé du chevet à la façade. Des vestiges du donjon subsistent au sud-est de l'église. Des vestiges des remparts subsistent aussi, évoqués par la *rue sous les murs* (au sud et au sud-est), la *rue des petits Murs* (à l'ouest). Quant au château, il a été reconstruit à l'extérieur de l'enceinte.

Plan d'après le cadastre de 1816. 1. Donjon. 2. Rue du Fort. 3. Rue du Quayre (axe est-ouest). 4. Rue des Petits-Murs. 5. Rue des Artisans. 6. Rue sous les murs. 7. Chemin venant de Merdogne. 8. Vestige de l'ancienne porte ouvrant dans le rempart supérieur. *(MA d'après G. Fournier.)*

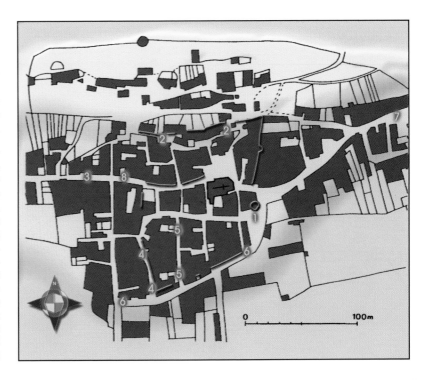

*Vue de la partie occidentale de Saint-Amant-Tallende depuis le pont médiéval sur la Monne. On aperçoit des vestiges du mur d'enceinte et, à gauche, la Tour Fondue, tronquée et modifiée. (G.B.)*

*Ci-contre : **Vue de l'Armorial montrant « Saint Amans ».** (BNF, ms. fr. 22297, f° 100.)*

*Ci-dessous : **Saint Amant d'après l'ancien cadastre.** On notera le pont, le tracé de l'enceinte mais aussi la **Tour Fondue (1),** le **château de Murol et l'église (2),** le **château de la Barge (3),** la **tour sud-est (4),** l'**emplacement de la barbacane (5)** et celui des diverses portes. (Heimdal d'après G. Fournier.)*

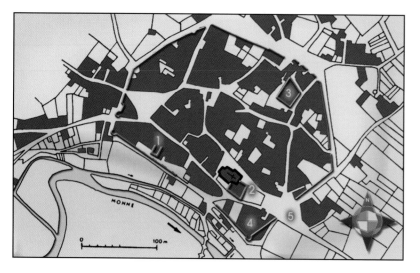

## Saint-Amant

Saint-Amant était aussi un fief des La Tour d'Auvergne qui s'étaient installés à Saint-Saturnin (voir page 30) tout proche, en amont de la vallée de la Monne, le long de laquelle sont bâties les deux localités. Saint-Amant est dédié à Amandus mort en 679 à Saint-Amand-les-Eaux. En **1259**, une première charte de franchise est accordée à la population ; elle est approuvée par cinq chevaliers et plusieurs damoiseaux, probablement les membres de la garnison protégeant la petite cité. Cette charte est confirmée et renforcée en **1308** et un consulat est constitué : les consuls sont chargés de l'organisation du guet. Un marché est créé ; il se tiendra le samedi. Trois familles semblent se partager la prééminence, elles vont se distinguer par trois tours et châteaux émergeant au-dessus de la cité : le château de Murol, le château de la Barge et la Tour Fondue. L'église paroissia-

le dédiée à Saint-Amand est accolée au plus important des trois, le château de Murol. En **1411**, le seigneur de ce dernier obtient l'accès direct à l'église. Il obtient aussi, à cette date, une sentence interdisant aux habitants d'entreposer tourneaux et coffres dans l'étage de l'église. Et, en **1443**, Charles VII et Bertrand de la Tour d'Auvergne permettent d'édifier de nouvelles fortifications autour de la cité. En **1477**, un conflit oppose le seigneur et la population de Saint-Amant au seigneur et aux habitants de Crest ; ces derniers réclamant la tenue chez eux du marché du samedi qui sera finalement maintenu à Saint-Amant.

La vue de l'*Armorial* est prise depuis la rive sud de la Monne ; le point de vue a relativement peu changé et c'est toujours de là qu'on a le meilleur panorama sur Saint-Amant. Au premier plan, le **pont** à quatre arches muni d'éperons est toujours là, de même que le moulin ! On aperçoit ensuite l'**enceinte** assez sommaire. Elle ne dispose pas de crénelage, c'est un long mur sur lequel s'appuient des maisons, certaines mêmes à l'extérieur. On retrouve des portions de ce mur encore actuellement. La partie droite est plus forte avec une **tour** ronde (conservée) à l'angle et même une *barbacane* tout à fait à droite à l'intérieur de laquelle se trouvent une croix et une petite construction en bois. Au débouché du pont, nous apercevons une simple **porte** percée dans le mur d'enceinte ; elle est doublée par une seconde porte en arrière. La cité disposait de six portes : la porte du Pont, de l'Aize, du Bouteix, du Cimetière, de l'Orme (ou de Saint-Roch), de Notre-Dame. La masse des toitures est dominée par trois bâtiments élevés et fortifiés, que nous avons déjà évoqués.

Tout à fait à gauche se dresse une tour quadrangulaire crénelée flanquée d'une tourelle d'escalier tout aussi crénelée, il s'agit de la **Tour Fondue**. Elle subsiste, modifiée. Sa terrasse crénelée a été remplacée par une toiture à quatre pans et elle a été agrandie au nord et au nord-est par des ailes attenantes. Au centre, se dresse le **Château de Murol** (du nom de la famille le possédant au XIV^e siècle). Sur la gauche de cette maison-forte, se dresse la masse encore plus imposante de l'église romane, véritable forteresse crénelée à plusieurs niveaux.

Quant au château de Murol, il est flanqué de quatre échauguettes sur ce côté. Très restauré au XIX^e siècle, il reste cependant assez semblable à ce que nous voyons sur l'illustration de l'*Armorial*. Possédé par la famille de La Tour Fondue, ce château fut vendu en 1918 à René Giscard après avoir été fortement restauré au XIX^e siècle par l'architecture Bruyère. Ses deux ailes se dressent autour d'une cour dont le côté occidental est occu-

pé par l'église. Malgré les restaurations, on reconnaît bien ce que nous voyons sur le dessin de l'*Armorial* : deux échauguettes ont été coiffées de toitures pointues, un contrefort du bâtiment de gauche a été supprimé et remplacé par une fenêtre à meneaux. Par contre, l'église a subi des modifications très importantes : seul le chœur roman subsiste avec son abside en cul de four, la nef a été en grande partie détruite. Enfin, à droite, le **château de la Barge** (ou « Tour Boyer ») présente une très haute tour quadrangulaire et crénelée flanquée d'une enceinte basse munie de mâchicoulis et d'une échauguette. Il en subsiste d'importants vestiges.

1. *Ancienne boutique,* **taule** *maintenant murée, identique à celles qu'on voit à Besse - voir page 50.* (G.B.)
2. *Porte gothique.* (G.B.)
3. *Porte avec légère accolade gothique.* (G.B.)
4. *Maison médiévale avec galerie.* (G.B.)
5. *Maison de la fin du Moyen Age.* (G.B.)

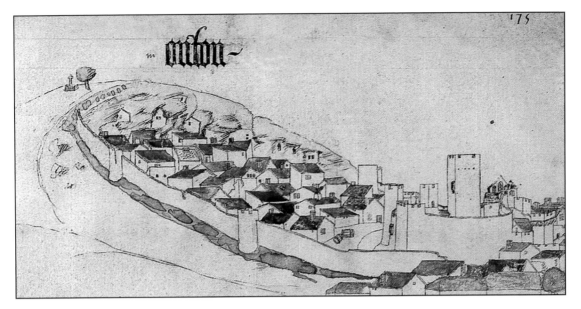

*Monton, d'après l'Armorial de Guillaume Revel.*
*(BNF, Ms. fr. 22297, f° 175.)*

# Monton

Perchée sur une butte isolée, entre Saint-Amant-Tallende et la vallée de l'Allier, Monton est issu d'une double localité : un village ancien qui était appelé *Cardonetum* et un village situé au pied de la butte autour de l'église Saint-Hilaire. Le village principal était établi autour du château appartenant à une famille citée pour la première fois dans le deuxième quart du XIᵉ siècle : **Louis** donne une terre (probablement dans le château) aux moines de Sauxillanges pour y construire une église castrale qui deviendra paroissiale et verra la création d'un village autour du château, ce qui entraînera le déclin du village de Saint-Hilaire (ou Saint-Alyre) dont le prieuré sera en décadence avant **1281** puisque les visiteurs de Cluny n'y trouveront alors plus un seul moine, il n'y aura là qu'un simple prêtre dans des bâtiments délabrés. Mais le château connaît aussi ses aléas : la seigneurie de Monton est confisquée par le roi de France lors de sa conquête de l'Auvergne au début du XIIIᵉ siècle ; la famille de Monton rendra alors hommage à Alphonse de Poitiers vers **1250-1263**. Le XIIIᵉ siècle sera une période de prospérité pour la localité ; elle est même administrée par des **consuls** en 1263. Après la disparition de la famille de Monton, la seigneurie fait partie, en **1316**, des terres cédées (avec celle de Pont-Château) par le roi Louis X le Hutin à Jean II, dauphin de Viennois. Elles reviennent ensuite à Philippe VI qui les cède à Humbert II, dernier dauphin de Viennois quand le Dauphiné est cédé au roi. Puis Humbert II vend toutes ses terres d'Auvergne à Guillaume Roger, seigneur du Chambon, futur comte de Beaufort. Les Beaufort-Canillac conserveront cette seigneurie jusqu'en 1511.

Ce dessin montre le site très particulier du village fortifié qui est installé dans une sorte de cirque limité au nord (sur la gauche) par une falaise calcaire. Ce **village** descend doucement vers le sud. Le dessinateur s'est placé à l'ouest de ce cirque. Au nord, le point culminant, au-dessus de la falaise, est surmonté par un arbre et une croix (remplacée aujourd'hui par une Vierge). Au pied de la falaise, des habitations troglodytiques ont été aménagées. A partir de là, les maisons du village s'étagent sur la pente jusqu'à une place où nous apercevons deux tonneaux, la viticulture étant de tout temps l'activité principale des habitants de Monton. Cette place vient butter contre le fossé du château. Toute cette partie du village principal est protégée par une enceinte sans créneaux, flanquée de ce côté de deux tours semi-circulaires, dont une en mauvais état. Cette enceinte

*D'après le plan cadastral de 1813 :* 1. *Emplacement probable du donjon.* 2. *Eglise.* 3 *et* 4. *Vestiges de portes.* 5. *Chemin menant à Saint-Alyre.* 6. *Place.*
*(Heimdal d'après G. Fournier.)*

s'arrête à la falaise. De l'autre côté, vers l'est, cette enceinte est munie d'une tour et de deux portes (voir dessin et plan). Cette enceinte orientale semble beaucoup plus soignée. L'enceinte du **château**, à laquelle se raccorde celle de la localité, est au centre du front défensif méridional, plus vulnérable. Cette enceinte est constituée d'un haut mur sans créneaux et est flanquée de trois tours carrées crénelées. L'**église**, avec son clocher-pignon, est à l'intérieur de cette enceinte contre laquelle elle semble s'appuyer. Au centre se dresse un puissant **donjon** quadrangulaire crénelé et présentant des trous de boulins pour des hourds ainsi qu'une latrine sur une de ses faces. A droite, une grosse tour quadrangulaire munie de mâchicoulis et crénelée semble protéger une porte placée derrière une barbacane. Le village se prolonge, hors les murs, sur la droite où un chemin mène, vers le sud, à Saint-Alyre.

Le village actuel a gardé sa structure médiévale. Un quartier central, le *Fort*, de forme ovale, occupe l'enceinte du château dont il conserve quelques vestiges. L'emplacement du donjon peut être reconnu dans un emplacement quadrangulaire (« 1 » du plan) près de l'église qui a perdu, là encore, son clocher-pignon pour une tour-clocher. Il reste d'importants vestiges de l'enceinte du village. En particulier au sud-est, deux tourelles encadrent l'emplacement d'une des portes. Il reste aussi des vestiges de la porte qui ouvrait dans la tour carrée (« 3 » du plan). La place où se trouvaient les tonneaux (« 6 » du plan) existe toujours. D'après Gabriel Fournier, à partir du château seigneurial (A) des XIᵉ et XIIᵉ siècles, contenant l'église, a été construit une *Basse-Cour* (B), embryon du village, fortifiée (couronnements des tours refaits après le XIIIᵉ siècle) puis le village s'est développé vers la falaise jusqu'au XVᵉ siècle.

*Le Crest avec ses trois enceintes successives étagées sur les flancs d'un étroit plateau basaltique est très imposant sur ce dessin de l'Armorial vers 1450. Au sommet, le château offre ici, depuis le nord, sa face la plus longue implantée sur le rebord du plateau. Le dessinateur s'est placé au nord-ouest, sur la route se dirigeant sur Chanonat. Sa large basse-cour est entourée de murailles sur la pente, envahie de maisons du bourg. Une enceinte plus basse protège le reste du bourg, au pied de la pente.* (BNF, Ms. fr. 22297, f° 257.)

## Le Crest

La vue de Guillaume Revel montre une puissante forteresse présentant une double enceinte au pied de laquelle s'étale une localité elle-même protégée par un rempart. Le nom du lieu signifie « la crête » et, effectivement, le château a été implanté sur le sommet d'un étroit plateau basaltique orienté est-ouest et limité par des falaises, sur un ressaut, en avant de la montagne de la Serre. De là, le panorama est magnifique. Le site domine et défend l'entrée de la vallée de La Veyre, menant à Saint-Amant-Tallende et à Saint-Saturnin, mais le regard porte jusqu'au plateau de Gergovie vers le nord, la vallée de l'Allier à l'est, le Sancy vers le sud, et la chaîne des Dômes à l'ouest.

Le château existait dès la première moitié du XIe siècle et appartenait à la famille du Crest, il ne dépendait pas de la seigneurie de Saint-Saturnin et il sera divisé en deux parties au XIIIe siècle pour n'être réunifié qu'en 1770. En haut, sur le sommet, le **château** présente une vaste enceinte allongée et crénelée, flanquée de quelques tours (trois apparaissent sur la vue et nous retrouvons deux d'entre elles sur l'ancien cadastre) et renforcée de trois contreforts. Aucune tour ne dépasse cette enceinte

*(Plan Heimdal d'après G. Fournier et le cadastre de*

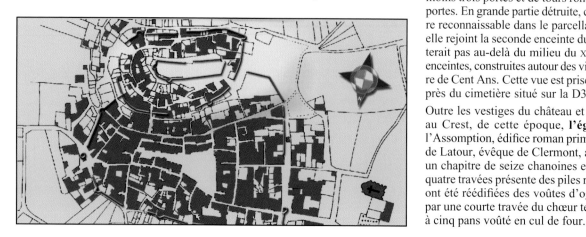

dont la plupart des merlons sont percés d'archères. La présence de trous de boulins dénote la mise en place épisodique de hourds. Cette vue et l'ancien cadastre sont précieux car le château a été presque totalement rasé, il n'en subsiste que des fragments d'enceinte, la base de la tour orientale et une tour surmontée d'un campanile muni d'une cloche. D'après Gabriel Fournier, la deuxième tour à partir de la gauche supportait deux cloches et abritait sans doute la chapelle Sainte-Croix. Ce château est entouré d'une **enceinte** faisant le tour du pied du rocher. Constituée d'une courtine crénelée, elle était défendue par trois tours et trois échauguettes d'angle, irrégulièrement disposées. Une poterne est surmontée d'une bretèche, une tour-porte saillante est surmontée de mâchicoulis (elle est conservée, avec son ouverture au-dessus de la porte). Au centre, le crénelage suit le pignon d'un bâtiment appuyé sur la courtine entre deux échauguettes et éclairé de ce côté par deux fenêtres à meneaux. On aperçoit d'autres toitures derrière la courtine. Quant au **village**, s'étalant au pied de cette enceinte, il présente une enceinte assez basse flanquée d'au moins trois portes et de tours rondes à proximité de ces portes. En grande partie détruite, cette enceinte est encore reconnaissable dans le parcellaire. A ses extrémités, elle rejoint la seconde enceinte du château et ne remonterait pas au-delà du milieu du XIVe siècle, typique des enceintes, construites autour des villages pendant la guerre de Cent Ans. Cette vue est prise depuis le nord-ouest, près du cimetière situé sur la D3 rejoignant Chanonat.

Outre les vestiges du château et de l'enceinte, il reste au Crest, de cette époque, **l'église** Notre-Dame de l'Assomption, édifice roman primitif très remanié. Guy de Latour, évêque de Clermont, avait créé là, en 1259, un chapitre de seize chanoines et un doyen. La nef de quatre travées présente des piles romanes sur lesquelles ont été réédifiées des voûtes d'ogives. Elle se termine par une courte travée du chœur terminée par un chevet à cinq pans voûté en cul de four.

*Le château de « Montredont » vers 1450 d'après l'Armorial. Le donjon quadrangulaire émerge d'une enceinte de facture soignée dont il reste quelques traces. Avec ses hautes courtines crénelées, sans mâchicoulis et ses tours rondes, cette enceinte est typique du XIIIe siècle. Une enceinte basse, alors ruinée, couvre les approches de l'enceinte principale. Situé à 872 mètres d'altitude, sur une butte, comme nous le montre le plan ci-dessous d'après le cadastre du début du XIXe siècle, ce château a été détruit vers 1587, il en reste des vestiges conformes à la vue de l'Armorial. (BNF, Ms. fr. 22297, f° 82. et plan Heimdal d'après G. Fournier.)*

## Montredon

Cet autre imposant château est situé à 872 mètres d'altitude, en dessous de la montagne de la Serre, dominant le village de Ponteix et la vallée de la Veyre en amont de Saint-Saturnin. La vue de l'*Armorial* montre le château et son petit village depuis l'est-sud-est. Au sommet de la butte constituée d'un mamelon ovale, se dresse alors un **donjon** quadrangulaire crénelé renforcé par une tour ronde couronnée de mâchicoulis et de créneaux. On aperçoit aussi une petite échauguette. Ce donjon est entouré d'une puissante **enceinte** constituée d'une courtine crénelée de plan polygonal alternant tours rondes et courtines en éperon. La porte d'entrée, surmontée d'un mâchicoulis et d'un assommoir, est flanquée de deux tours rondes. Outre cette porte et ces deux tours, l'ancien plan cadastral nous permet de dénombrer cinq tours (trois visibles ici), soit sept au total, et six courtines en éperon. C'est là une enceinte très bien conçue pour la défense. Cette haute courtine est entourée d'un mur, en mauvais état, formant lices et protégeant ses abords. S'appuyant à cette enceinte (selon le plan cadastral) et proche de l'entrée, se dresse une petite église (dont il ne reste rien actuellement) avec un chevet plat et un clocher peigne. A proximité, se tassent quelques maisons basses aux rares ouvertures et manifestement couvertes de chaume. L'une d'elles est entourée d'une clôture tressée.

Ce château, d'abord fief de l'évêque de Clermont, a été sous le contrôle du comte d'Auvergne. De 1366 à 1385, elle est aux mains des Anglais puis elle appartient aux La Tour. La destruction du château est ordonnée en 1587 et ses pierres serviront à la construction de l'église de Ponteix. Actuellement, au sommet du mamelon, il ne reste du donjon que des éboulis mais il reste encore les assises inférieures de l'enceinte et des tours, reposant sur une falaise de prismes basaltiques. Les murs de cette enceinte sont constitués de prismes basaltiques placés à l'horizontale, bourrés de fragments liés avec du mortier entre les parements. Outre les tours, on distingue bien la forme des courtines en éperon. Entre deux tours, au sud-est, on distingue les degrés d'accès de la porte. Il subsiste aussi les vestiges d'une porte de la première enceinte au sud-ouest ainsi que des traces de maisons entre les deux enceintes.

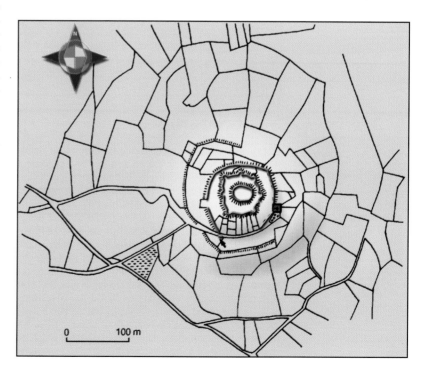

*L'église de Saint-Saturnin, construite un peu avant 1150, remarquable exemple de l'art roman auvergnat, au milieu de maisons en partie médiévales, sous un angle proche de celui de l'Armorial. (G.B.)*

*Saint-Saturnin vers 1450 d'après l'Armorial avec, de gauche à droite, le château (sous un angle différent), le quartier occidental derrière son enceinte, l'église flanquée de son prieuré protégé par de hauts murs aveugles, le cimetière et la chapelle Sainte-Madeleine avec les hautes tours de l'enceinte principale, puis le quartier septentrional protégé par une enceinte plus sommaire. (BNF, ms. fr. 22297, f° 81.)*

## Saint-Saturnin

Dominant la vallée de la Monne, en amont de Saint-Amand, Saint-Saturnin est un site très anciennement habité ; on a trouvé des traces d'occupation gallo-romaine près de l'église. Celle-ci est dédiée à Saint-Saturnin, évêque d'origine grecque, martyrisé vers 257. C'est là que l'abbaye de Souvigny, de l'ordre de Cluny a fondé un prieuré. Le premier prieur est nommé vers **1040** par Odilon, abbé de Cluny (mort en 1049). La première mention de la paroisse date de **1147** et c'est vers cette époque que l'**église** actuelle est construite d'un seul jet ! Ce sera la plus petite de cinq églises romanes remarquables (trois sont présentes dans ce volume) de Basse Auvergne : Saint-Austremoine d'Issoire, Notre-Dame du Port à Clermont, Orcival, Saint-Nectaire et Saint-Saturnin. Le prieuré, avec son petit cloître est édifié sur son flanc sud. Une chapelle, dédiée à Sainte-Madeleine, plus ancienne (elle

daterait du XIᵉ siècle) est édifiée au nord-est de l'église ; on y célébrait les baptêmes. L'ensemble aurait pu constituer un groupe baptismal très ancien.

Un **château** a dû être édifié ici dès le Xᵉ ou le XIᵉ siècle. Les parties les plus anciennes de l'actuel château, principalement trois des quatre tours rondes et la courtine sud-ouest, remontent au XIIIᵉ siècle. C'est l'époque où l'une des plus puissantes familles d'Auvergne, les La Tour, quitte son château de la Tour d'Auvergne, situé dans une région plus austère, pour s'installer dans celui de Saint-Saturnin. En **1245**, **Guillaume de La Tour**, prévôt de Brioude, rédige son testament à Saint-Sandoux, un autre de ses châteaux (voir page 34), et demande à être enterré dans l'église de Saint-Saturnin. Dans la seconde moitié de ce siècle, ses petits neveux, Bernard VII et Bertrand, clerc, font hommage à Alphonse de Poitiers du château de Saint-Saturnin, pour le premier, et du bourg de Saint-Amant, pour le second. Bernard VII, seigneur de la Tour, de Saint-Saturnin, et comte d'Auvergne meurt à Saint-Saturnin, en **1494**. Plus tard, Marguerite de Valois, la « reine Margot », restera prisonnière au château du 6 au 13 novembre 1587 ; le souvenir de son passage est resté vivace.

La vue de l'*Armorial*, nous montrant Saint-Saturnin vers 1450, a été prise depuis la rive sud de la Monne, encaissée, que la localité domine. De gauche à droite, nous voyons tout d'abord le **château**. Curieusement, le dessinateur l'a déplacé afin que nous puissions en voir la cour intérieure, subterfuge qu'on retrouve sur plusieurs dessins. Mais, là, il ne s'agit pas d'un « panoramique étendu » mais d'un angle différent, l'angle opposé. Le dessin général est pris du sud-est et le château depuis le nord. Nous remarquerons qu'il a peu changé depuis cette époque, on reconnaît bien le crénelage des tours. Seule la tour nord a vu sa hauteur réduite et la courtine nord a été abattue (au XVIIe siècle). On remarque aussi d'imposants conduits de cheminée sur la façade intérieure, disparus lors des remaniements de la fin du XVe siècle. A l'angle nord-est du château, nous distinguons la tour-porte carrée et flanquée d'échauguettes (disparue) qui donnait accès au chemin menant à la rivière. L'**enceinte** se prolonge par un simple mur non crénelé au-dessus de l'abrupt dominant la rivière, jusqu'à une poterne protégée par une échauguette. De là, un chemin raide (qui existe toujours) mène aussi à la rivière. Entre le château et l'église se trouve un premier quartier du village, mieux protégé : on aperçoit une courtine crénelée et deux tours crénelées, sur la face nord-ouest plus exposée, et des tours et une courtine au nord de l'église. Une tour semi-circulaire (cette tour subsiste) a d'ailleurs été édifiée sur le chevet de la chapelle Sainte-Madeleine, ainsi intégrée au système défensif. Un autre quartier s'allonge sur la croupe du plateau, au nord-est, ses défenses sont plus sommaires.

*Chevet de l'église, avec ses deux étages, dépourvu de chapelles rayonnantes, et son clocher octogonal à la croisée du transept.* (G.B.)

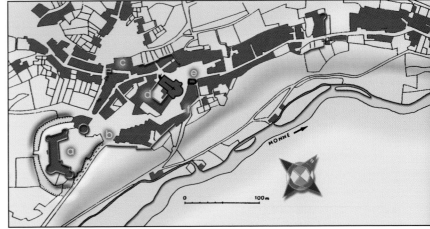

*Ci-dessus :* **Situation des parties restées médiévales d'après l'ancien cadastre : le château (a), emplacement de la porte donnant sur la rivière (b), rue de la Boucherie et porte (c), église et ancien prieuré (d), Sainte-Madeleine et cimetière (e), ancienne poterne disparue (f).** *(Heimdal d'après G. Fournier.)*

*Ci-contre :* **Fenêtres médiévales percées dans des maisons proches de l'église.** (G.B.)

*Ci-contre :* **Rue de la Boucherie avec, dans le fond, la porte nord-ouest conservée.** *(G.B.)*

Par son cadre agréable et ses importants vestiges médiévaux, Saint-Saturnin mérite une visite. Son **église**, restaurée, est un monument de grande qualité. On admirera l'extérieur, les chapiteaux, la crypte et une belle peinture murale du XV^e siècle dans le bas-côté nord. La chapelle **Sainte-Madeleine**, du XI^e siècle surmontée de sa tour du XIV^e siècle, se visite de 15 heures à 19 heures en juillet et en août (pour les visites : 04 73 39 30 77). Il ne reste que quelques vestiges des bâtiments du prieuré, principalement la salle capitulaire. On admirera plusieurs maisons en partie médiévales dans ce secteur.

Au nord-ouest, une **porte** de l'enceinte est encore conservée. En passant sous son profond passage, on arrive dans la **rue de la Boucherie** qui a conservé quasiment intact son caractère médiéval avec son ancienne boutique à gauche après la porte (actuellement l'Office de Tourisme), suit ensuite une maison avec une porte sculptée semblable à celles que l'on voit à Besse, ou à Champeix. On visitera aussi le **château** dont trois tours et une bonne partie de la courtine remontent au XIII^e siècle, le reste remonte au XV^e siècle, remanié au XVI^e siècle. Le château abrite aussi des chambres d'hôte. (Château, horaires des visites et réservations : 04 73 39 39 64.)

**1, 2, 3, 4.** *Rue de la Boucherie, détails.* *(G.B.)*

1

2

4

3

*Ci-dessus :* **Cour intérieure du château. L'aile de droite et les tourelles d'escalier, avec leurs portes typiques, ont été édifiées au XVᵉ siècle. La façade entre ces deux tourelles a été remaniée à la fin du XVᵉ ou au début du XVIᵉ siècle.** *(G.B.)*

*Ci-contre :* **Façade sud-ouest du château. Elle remonte pour l'essentiel au XIIIᵉ siècle. La tour au fond à gauche et la tourelle quadrangulaire ont été édifiées au XVᵉ siècle. Les fenêtres à meneaux ont été en partie repercées au début du XVIᵉ siècle.** *(G.B.)*

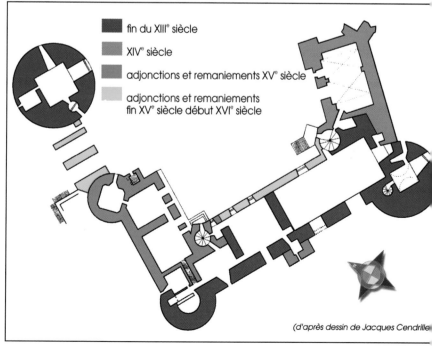

fin du XIIIᵉ siècle

XIVᵉ siècle

adjonctions et remaniements XVᵉ siècle

adjonctions et remaniements
fin XVᵉ siècle début XVIᵉ siècle

*Ci-contre :* **Plan du château.** *(Editions Créer.)*

*(d'après dessin de Jacques Cendrille*

*Saint-Sandoux, d'après l'Armorial.* (BNF, ms. fr. 22297, f° 110.)

## Saint-Sandoux

Au sud de Saint-Saturnin, dominant la plaine de ses 620 mètres d'altitude, ce village est situé entre deux tables basaltiques. Le village gallo-romain de Maismac fut acquis au XI° siècle par les moines de Sauxillanges qui y dédièrent une église à Saint Sandoux. Celle-ci sera donnée à l'abbaye de la Chaise-Dieu qui y établira un prieuré. Les seigneurs laïcs seront les La Tour d'Auvergne.

Sur la vue de l'*Armorial* dessinée depuis le nord-ouest, une haute tour carrée et crénelée domine l'ensemble ; avec ses fenêtres géminées, c'est le clocher de **l'église**, avec son chœur surélevé et fortifié sur la gauche et la nef, plus basse, sur la droite, avec un mur de façade dépassant légèrement. Une **enceinte** vaguement circulaire englobe l'église et une partie des maisons de la localité. Elle est flanquée de tours carrées (dont une ouverte à la gorge dans le fond) et d'une tour ronde plus basse à gauche. Cette enceinte est munie de trois portes ouvrant dans des tours carrées. Le chemin de ronde (qu'on distingue bien dans le fond) est simplement crénelé. La **tour-porte** de la face nord, située face à nous, est accolée à un **logis** s'appuyant sur le rempart et éclairé de ce côté par plusieurs fenêtres dont, au premier

*Saint-Sandoux d'après l'ancien cadastre.* (Heimdal, d'après G. Fournier.)

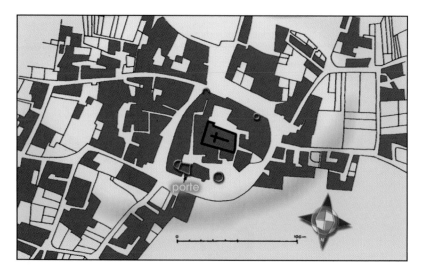

étage, deux belles fenêtres à remplages gothiques typiques du XIII° siècle. Il doit s'agir du château que les La Tour possédaient dans la localité. La tour-porte est surmontée d'une bretèche. Une enceinte basse munie, au moins, d'une tour ronde, entoure l'ensemble. Les détails des maisons situées hors les murs sont minutieusement dessinés.

Actuellement, subsiste un quartier circulaire occupant l'emplacement du village clos. Il comporte encore quatre tours circulaires, celle aperçue à gauche du dessin, et d'autres en partie reconstruites ultérieurement. Seul vestige des portes, celle du nord, aperçue sur le dessin, a conservé son arcade. Le château est totalement modifié à l'exception d'une fenêtre gothique qui en marque l'emplacement. Le clocher de l'église a été abattu à la révolution et rebâti au XIX° siècle. La nef est encore romane mais le transept et le chœur ont été reconstruits au XVIII° siècle.

## Chaynat

C'est à l'ouest du Puy de Saint-Sandoux, un ancien établissement des Templiers d'Olloix, qui passera sous l'autorité des Hospitaliers. La vue de l'*Armorial* est prise depuis les hauteurs situées à l'ouest-sud-ouest de la localité. Le chemin montant à la commanderie d'Olloix se voit au premier plan. Une enceinte quadrangulaire et crénelée entoure la commanderie. Elle est étroite et flanquée de tours, l'une est circulaire à droite (et subsiste) et l'autre est carrée à gauche. A l'intérieur, le haut logis domine l'ensemble, il est quadrangulaire et comporte plusieurs parties. La plus haute abrite la chapelle flanquée d'une cave et surmontée de cinq pièces dont une grande salle (avec la partie munie d'une cheminée sur la gauche). On aperçoit à ce niveau le clocher percé dans la façade avec ses deux cloches. Le tout est surmonté d'un grenier pour conserver le grain. Perpendiculairement à cette partie en forme de tour, une autre aile, crénelée, comportait une prison au rez-de-chaussée, un colombier au premier étage et un grenier (derrière les créneaux) avec une pièce donnant dans la chapelle d'où le commandeur pouvait écouter la messe sans descendre.

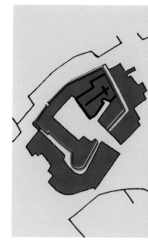

*Cheinac (Chaynat) d'après l'Armorial. (BNF, ms. fr. 22297, f° 353.)*

Actuellement, on retrouve une bonne partie de l'ambiance de cette illustration : la tour carrée munie d'un porche (sur la gauche du dessin), des peintures murales du XVᵉ siècle (non visibles) dans le logis du commandeur et l'église, édifice roman dont il reste la hauteur primitive, divisée en deux étages, même si l'édifice a été remanié par les Hospitaliers.

## Olloix

A 820 mètres d'altitude, en dessous du Puy d'Olloix (1 002 mètres), les Templiers ont fondé une commanderie au XIIᵉ siècle, dans un terrain rude. De là, ils rayonnaient sur leurs commanderies d'Aydat (au nord-ouest) et de Chaynat (à l'est). La vue de l'*Armorial* est prise depuis le sud-ouest et nous montre la haute enceinte de la commanderie flanquée ici d'au moins quatre tours rondes (il y en avait cinq). Tours et courtines sont en grande partie crénelées. Certains merlons sont percés par des archères. Une enceinte basse, sur la droite est percée d'une porte double et abrite la chapelle qu'on distingue ici. Cette enceinte se prolonge par un mur plus bas au pied de la commanderie. A l'intérieur de l'enceinte haute, les bâtiments entouraient la cour sur les quatre côtés, avec des galeries et un puits au centre de la cour.

Face à nous, nous distinguons le logis situé à l'ouest qui est éclairé par des fenêtres à meneaux. Il était composé d'un rez-de-chaussée avec une cuisine et une grande salle basse et d'un premier étage avec trois salles (correspondant probablement aux trois fenêtres) dont deux disposant de cheminées. L'une était le logement du commandeur, l'autre donnant dans l'une des tours était la prison. La façade sud présente un décrochement : trois pièces et une « boutelherie » au rez-de-chaussée, deux grandes salles, dont une disposant d'une cheminée, au premier étage. Au nord, deux pièces voûtées dont une munie d'un four au rez-de-chaussée et deux greniers voûtés à l'étage. Le bâtiment oriental abritait une écurie pour huit chevaux et une cave au rez-de-chaussée et deux chambres disposant de cheminées et une grande salle donnant sur une tour servant de garde-robe à l'étage.

Actuellement, il ne reste plus que les vestiges de la tour nord-ouest et du mur occidental. L'église a été reconstruite au XVIIIᵉ puis au XXᵉ siècle, il n'en reste plus d'origine qu'une petite tour munie d'un escalier à vis. La commanderie sera détruite vers 1700 lorsque le commandeur de la Tour-Maubourg rejoindra la commanderie de Chaynat, plus confortable.

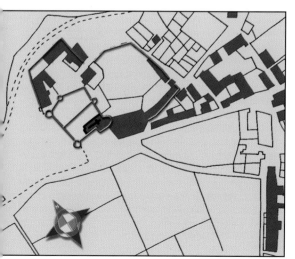

*Sentinelle vigilante aux marches de la Haute Auvergne, l'imposante forteresse de Murol domine le bourg de Saint-Nectaire.* (M.M.)

# Murol, un château frontalier

A une trentaine de kilomètres au sud-ouest de Clermont-Ferrand, dominant le bourg de Saint-Nectaire, se dresse l'imposante forteresse de Murol (1), sentinelle vigilante aux marches de la Haute Auvergne.

## Le château primitif

Si l'établissement primaire du castel demeure incertain, son identification avec le *Castrum Meroliencense* évoqué par Grégoire de Tours - la reddition de la place serait intervenue autour de l'an 532, face aux troupes du roi Thierry I$^{er}$ (vers 496-534) - n'est guère crédible, autant pour des raisons temporelles que topographiques. En revanche, les fondateurs de l'édifice féodal, au cours du XII$^e$ siècle, durent en entreprendre la construction sur les vestiges d'un poste militaire romain contrôlant les accès à cette portion territoriale. Surplombant de 200 mètres le village actuel, le château culmine à environ 1 050 mètres. Cette situation, exception faite de son incontestable valeur défensive, ne laisse pas de surprendre dans une région à l'écart des principales voies stratégiques ou de communications et, qui plus est, dans un secteur peu soumis aux querelles seigneuriales. Le site d'édification se révèle toutefois particulièrement heureux : les vues immédiates et lointaines garantissent une parfaite surveillance ; la pente de la colline est forte, mais ne présente sous aucune face d'escarpement abrupt. Par contre, le château ne se trouve aucunement menacé par la proximité d'élévations naturelles ou de paliers, pouvant permettre la mise en œuvre efficace d'armes de jets et de machines de sièges. Il semblerait donc que la vocation première du château de Murol fut destinée au commandement de trois routes régionales : une voie romaine menant de Clermont à la Haute Auvergne (Cantal actuel) par Varennes, le lac Chambon, le plateau de Durbize et le Mont-Dore ; une route moins ancienne, supplantant la précédente, conduisant également aux terres d'Auvergne, mais par le village de Besse ; et enfin,

(1) Le toponyme *Murolium* apparaît, pour la première fois, dans le contenu d'un texte daté de 1145.

une troisième, s'embranchant sur ces dernières, dans la direction d'Issoire par le fond de la vallée de la Couze. Il faut sans doute voir dans cette position frontalière, le surcroît d'intérêt militaire pris, dès lors, par la seigneurie de Murol.

Originaires de Chambon, les Chambe *(Chamba)*, issus de la famille chevaleresque de Comptour d'Apchon, furent les premiers seigneurs de Murol. **Amblard Comptour d'Apchon et Nonette** (998) est, pense-t-on, le fondateur de la lignée par son fils Bertrand (1090). Celle-ci prit son surnom de la châtellenie qui lui appartenait dès 1220. La famille Chambe s'établit en tout premier lieu sur une motte castrale, en bordure du lac Chambon puis, à proximité de la voie romaine menant en Haute Auvergne, au château de Varennes, avant que de bâtir la place forte de Murol lorsque la circulation en direction des terres de la Haute Auvergne se dérouta vers Besse.

La masse principale de la forteresse, se découvrant au nord-ouest, évoque une moitié de tour gigantesque. De plan heptagonal, il s'agit en fait de la façade du vaste donjon, dont le rempart sommital (remanié à la fin du XIV$^e$ siècle) culmine la base rocheuse d'environ 30 mètres. Face à un tel bouclier, tout assaut, même le plus audacieux, était voué à l'échec. A l'est, en retrait des éléments édifiés à la fin du XV$^e$ siècle et au siècle suivant, se trouve une longue rampe menant à la porte fortifiée qui donne accès à l'entrée principale du donjon et débouche dans la haute cour. Ouverte sur le ciel et occupant une surface modeste, celle-ci guide l'agencement des logis et dépendances « intra muros » du château, s'illustrant par une architecture fonctionnelle propre aux exigences défensives des XII$^e$ et XIII$^e$ siècles. La partie sud, dominant les excroissances anciennes de la « mesa », reliques d'une coulée volcanique du Mont du Tarteret, regroupe les cuisines, la boulangerie et les communs ; à l'abri des remparts de l'ouest, les chambres seigneuriales ; en vis à vis, à l'est, sous la robuste voûte d'arête de la galerie ouverte, le cellier, taillé dans la table basaltique. L'extrémité septentrionale, flanquée d'une tour comportant deux étages ainsi qu'une salle basse, semble être contemporaine de la partie primitive de l'édifice. Inversement, au pied de la rampe du donjon, deux chapelles accolées, nettement séparées de la construction castrale, ne souffrent quant à elles d'aucun doute pour leur datation. La plus proche, romane, fut bâtie au XIIᵉ siècle et servit de même que sa voisine, d'église paroissiale. Au septentrion, la seconde, plus vaste malgré des caractéristiques architecturales identiques, date du début du XVᵉ siècle. Enfin, considéré les aspects purement défensifs du site, force est de constater l'absence complète de traces de fossés ayant pu, à quelque époque, participer à une protection accrue de la forteresse.

## Guillaume II, seigneur de Murol

Au XIIIᵉ et XIVᵉ siècles, les seigneurs de Murol jouissent déjà d'une remarquable estime, leur nom figure fréquemment avec honneur dans les hommages et annales de la province. Dans le courant du XIVᵉ siècle, **Guillaume** Chambe (ou Sam), chevalier, seigneur d'Hauterive *(alta rippa)* ; fils de Jehan Chambe deuxième du nom, seigneur de Murol, Chambon et Beaune-le-Froid, se trouve mêlé aux grands événements du royaume. En **1356,** Guillaume est présent à l'ost rassemblé par Jean « Le Bon » et prend part à la désastreuse bataille de Poitiers contre le Prince Noir, Edouard de Woodstock. L'infortune du roi de France est consommée ; le seigneur d'Hauterive, quant à lui, perdra la vie dans cette folle équipée. Son frère aîné, **Amblard,** seigneur de Murol depuis 1342, avait épousé en 1347. Randone de Panhac (ou Paunihac), fille du seigneur Maurin de Panhac. Pour Amblard, cette union allait se révéler fructueuse car lui permettant d'hériter de la part principale des biens de la famille de son épouse. La lignée mâle des Panhac s'étant éteinte, le sire de Murol recueille alors l'essentiel de la succession, contre indemnisation à quelques prétendants. En 1380, il achète au comte d'Auvergne Jean de Bourbon, une partie de la seigneurie du Crest (proche de Saint-Amant-Tallende). Afin de réaliser cette acquisition, peut-être eut-il recours au soutien financier de son frère puîné Jehan, cardinal en Avignon ? Ce dernier, en tout cas, lui avait obtenu la charge de vicaire de la cité papale. Ce fut d'ailleurs en Avignon qu'Amblard s'éteignit en **1383** : Jehan fera ensevelir son frère dans la sépulture familiale, en la chapelle des frères Mineurs de Clermont. La descendance du seigneur de Murol était assurée avec la naissance de quatre héritiers mâles, dont l'aîné Guillaume, deuxième du nom, venait au monde en l'an 1350.

La vie de **Guillaume II**, avant les premières années du XVᵉ siècle, conserve toujours des zones d'ombres ; peu de documents le mentionnent : la teneur de ses écrits monographiques ne relate de sa jeunesse que de vagues allusions : août 1366, en compagnie de son frère Amblard, Guillaume quitte Murol pour Thérouanne où se trouve Jehan, frère de son père ; archidiacre de Prague qui envoie ses neveux étudier à l'école de Saint-Omer. De cette période enrichissante, le jeune Guillaume profitera par la suite. Cependant, sa destinée n'étant pas de devenir clerc, il lui fallait dans l'attente de recevoir la gestion du fief de Murol, embrasser pour quelques années la carrière des armes. Fait chevalier peu avant l'an 1400, Guillaume de Murol participa à plusieurs expéditions dont l'une, à Naples, probablement en compagnie de son oncle (mort en 1399), alors délégué par le pape Clément VII durant la crise schismatique. Pour

la seconde, il pourrait s'agir de la campagne menée au secours de la Castille, en 1375 et 1387, par le duc de Bourbon. A la mort de son père, Guillaume II renforce sa position en Auvergne en épousant Odine de Saint-Nectaire en **1384**. Sa famille est alors puissante ; Odine appartient à la branche principale, possédant Saint-Nectaire, seigneurie voisine de Murol. Une telle union entre les deux lignages semblait donc logique et, plutôt en faveur du sire de Murol. Il semblerait que celui-ci ait quelque peu « négocié » ce mariage, en s'acquittant des dettes de son beau-père. Au décès d'Odine (survenu avant 1392), ses biens passèrent à Jehan, unique enfant né de ce mariage. Durant plusieurs années, bien qu'en charge de la seigneurie, Guillaume II est encore souvent absent d'Auvergne ; il délègue largement la gestion des affaires à son frère Amblard, ainsi qu'à sa seconde épouse Guyotte de Tournon. En août 1391, Guillaume se trouve à Paris pour assister à l'entrée, somme toute tardive, de la reine Isabeau de Bavière et de la duchesse d'Orléans ; un an après il séjourne en Avignon. Pour autant, il ne néglige pas la gestion de ses biens. Dès 1388 son écriture apparaît sur diverses tenues de comptes et, en 1391, il inscrit, à la fin d'un registre de justice, plusieurs directives laissées à ses officiers. Le seigneur de Murol ne se sédentarisera qu'au tout début du XVᵉ siècle. La conjoncture, devenant plus favorable en Auvergne, nécessite dès lors sa présence, avec l'espoir d'une augmentation de ses revenus. En **1402**, il entreprend lui-même la levée de ses cens et rentes ; c'est également à cette période que Guillaume entreprend la rédaction de son journal.

## La campagne des travaux

*« Je suis seigneur de Murol depuis vingt-neuf ans, mais je n'ai vraiment profité de ma terre que depuis environ dix ans, parce qu'elle fut toujours en guerre. Ainsi je suis resté seigneur de Murol sans aucun amendement de cette terre, à cause des Anglais, qui ont occupé, pendant onze ans, les forteresses dans notre pays. »* (2) Le temps était venu de bâtir et de reconstruire. Odine de Saint-Nectaire avait supervisé la réalisation de certains travaux dans le château. Une somme de 30 F figure dans les dépenses consacrées à la répartition d'un mur « extra castrum » ; la transformation du four en colombier ainsi que l'exécution de cuves pour le vin. Il est néanmoins difficile de trouver actuellement les traces de ces inter-

(2) Les premières incursions de routiers se situent vers l'année 1355 et l'évacuation de la dernière place forte en leur pouvoir, « le Roc d'Unsca », n'est effective qu'en 1392.

*De plan heptagonal, le rempart sommital du donjon, remanié à la fin du XIVᵉ siècle, culmine la base rocheuse d'environ 30 mètres.* (G.B.)

*Au pied de la rampe d'accès deux chapelles sont accolées, l'une du XIIᵉ siècle, l'autre du début du XVᵉ siècle. (M.M.)*

*Armes de Jean de Murols (1386-1458), d'après l'Armorial : « D'or à la fasce ondée d'azur » - cimier : un corbeau issant. (BNF.)*

*La haute cour guide l'agencement des logis et dépendances « intra muros ». (M.M.)*

*Un aspect de l'animation présentée par les « Compagnons de Gabriel ». (G.B.)*

ventions. Un four, encore visible, demeure dans la partie sud de la forteresse ; est-ce celui dont la transformation a été évoquée ? Le doute subsiste car, au cours d'une seconde période de travaux, effectués durant les vingt premières années du XVᵉ siècle, il faut retenir l'aménagement du chemin de ronde et la modification d'une vaste citerne voûtée, creusée au centre de la haute cour, qui recevait l'eau des toitures par des canaux de plomb. Ces réalisations semblent avoir maintenu un juste équilibre entre le soucis de défense, justifié par la menace anglaise, et la recherche d'un plus grand confort se manifestant dans l'édification des nouvelles demeures castrales. A partir de 1412, les seuls travaux d'architecture entrepris à Murol, seront consacrés à la construction d'une seconde chapelle, achevée après 1418, au sein de laquelle Guillaume II sera enseveli, selon ses volontés en **1440**. Il demeure le premier membre de sa famille à ne pas reposer aux côtés de ses parents, en la chapelle des Frères Mineurs de Clermont :

*« Je choisis ma sépulture dans l'église de Murol, c'est-à-dire, dans la chapelle de la bienheureuse Vierge Marie… le drap qui recouvrira ma bière sera blanc et de laine… aux quatre coins du drap, on posera mes armoiries avec les redortes, qui sont mes emblèmes, et ma devise : sans rompre les redortes. »*

**Jehan**, son héritier, s'installera tardivement sur la terre de Murol. Auparavant, son souci d'accroître ses maigres revenus le conduisit à remplir des fonctions rétribuées. Ainsi s'était-il attaché au service du duc d'Auvergne Jean de Berry ; à l'âge de 14 ans, il est échanson et, à la mort du duc en 1416, Jehan est l'un de ses chambellans. Il perçoit également des gages de capitaine en la place de Sommières (Gard). Ses fonctions ne l'empêchent nullement d'assurer la représentation militaire due par le fief de Murol. Sa carrière dans le métier des armes avait débuté en 1405 et, en 1418, Jehan figure, avec plusieurs seigneurs auvergnats, sur un compte de trésorier des guerres pour avoir servi dans « la compagnie » de Bertrand de Latour en Languedoc et Touraine. De son second mariage en 1429 avec Gabrielle de Lastic, Jehan de Murol eut quatre enfants (3). De ses trois fils aucun ne fit souche et ce fut par l'union de sa fille Jehanne avec Gaspard d'Estaing en 1455 que la seigneurie de Murol vint s'ajouter aux possessions de l'illustre famille originaire du Rouergue. Le château

(3) Sa première épouse, Anne de Ventadour, mourut jeune sans laisser de descendance.

connaît alors sa dernière importante campagne de travaux : l'édification de la façade est, surplombant les plates-formes gagnées sur le site de l'ancien village de Murol ; la transformation des deux étages des grandes salles, reposant sur les voûtes de la galerie ouverte de la haute cour ; enfin, la construction des échauguettes en « culs-de-lampe », établies au pourtour du chemin de ronde. Au siècle suivant, François Iᵉʳ d'Estaing, protégera la forteresse par une vaste enceinte, répondant à la redoutable efficacité des pièces à poudre. En 1592, Jean III d'Estaing, l'un des principaux chefs du parti catholique en Auvergne et Rouergue, repoussera avec succès les menées guerrières des royalistes contre la place de Murol. Le château venait de vivre sa première et dernière action de violence militaire, historiquement reconnue.

Désormais, la vie de la forteresse va sombrer dans une longue déchéance, suspendue de temps à autre par d'indispensables réparations. Joachim d'Estaing (« L'abbé d'Estaing ») sera le dernier membre de la famille, après plus de deux siècles, à habiter les lieux de 1712 à 1715. La terre de Murol sera ensuite vendue par décret en 1770, à François-Marie Le Maistre de la Garlaye, évêque de Clermont, mort en 1776. Les soubresauts de l'Histoire livrent alors le château au triste devenir d'une carrière de pierres, avant son classement en 1889, au registre du patrimoine des monuments historiques.

## Actuellement

Propriété de la commune, le château de Murol est géré depuis 1985 par l'association culturelle « Les compagnons de Gabriel ». Composée de professionnels et d'amateurs animés par une même passion de l'Histoire, la troupe a su redonner vie à ce site remarquable en faisant partager à un large public l'existence quotidienne des habitants d'une place forte. L'originalité des visites animées permet une découverte saisissante de la châtellenie et de sa maisnie, au travers de reconstitutions et de démonstrations d'armes. En 2001, le château a accueilli 107 000 visiteurs dont 600 bus scolaires. Mais les activités de l'association ne se bornent pas uniquement à l'animation, elle participe activement à l'entretien et à la réhabilitation du site. Des campagnes de travaux, entreprises sous l'égide des Bâtiments Historiques, contribuent à la remise en valeur de cette impressionnante forteresse. La devise de Guillaume II est ici toujours à l'honneur.

**Renseignements :**

Association « Les compagnons de Gabriel », La Rivière, 63790 Murol. Tél. : 04 73 88 67 11 - Fax : 04 73 88 65 47.

Visites animées : adultes : 6,90 Euros ; enfants de 4 à 15 ans : 4,60 Euros ; Personnes âgées et étudiants : 5,35 Euros.

**Remerciements :**

- Monsieur Alain Pachoud. Mademoiselle Françoise Chambaudie.

**Bibliographie**

- *Guillaume de Murol ; un petit seigneur auvergnat au début du XVᵉ siècle.* Pierre Charbonnier. Institut d'Etudes du Massif Central, 1973.

- *Histoire du Château de Murol.* Pierre P. Pathieu, 1861.

- *Le château de Murol* M. le Capitaine A. du Halgoet, 1926.

- *Dictionnaire généalogique des familles d'Auvergne, Tome 3.*

# Saint-Nectaire

Au cœur d'un paysage admirable, proche de Murol, entre Issoire et le Mont-Dore, se dresse la « sainte chapelle romane » de Saint-Nectaire.

Elevée au milieu du XIIᵉ siècle au sommet du mont Cornadore, à 750 mètres d'altitude, l'église de Saint-Nectaire est contemporaine des grandes constructions d'Orcival, de Notre-Dame-du-Port de Clermont ou d'Issoire. Malgré des dimensions plus modestes - 38 mètres de long pour 15 mètres de hauteur sous voûte - elle ne leur cède pas en beauté d'où la fréquente épithète de « Majesté » qui lui est attribuée. D'un style vigoureux et monumental par sa qualité, la technique, parfaitement maîtrisée, n'étouffe jamais la sensibilité ni la sobriété raffinée du lieu. Les vingt-deux chapiteaux historiés de l'édifice forment l'un des ensembles les plus importants de l'art sculptural roman d'Auvergne.

Au IIIᵉ siècle, selon Grégoire de Tours, le christianisme faisait son apparition au cœur de la « *terra arvernia* ». Nectaire, après avoir prêché dans la contrée s'étendant de la Limagne d'Issoire aux Monts Dore, mourut et fut enseveli sur le mont Cornadore, où il avait érigé une église. Par la suite, deux de ses compagnons, Baudime et Auditeur, seront placés auprès de sa sépulture. Autour de l'église, devenue site de pèlerinage, une agglomération se développa qui prit le nom du saint évangélisateur. Au XIIᵉ siècle, Guillaume VII, comte d'Auvergne fera don de la terre de Saint-Nectaire à l'abbaye de la Chaise-Dieu ; cette donation est sans doute antérieure à 1178 car une bulle du pape Alexandre III mentionne Saint-Nectaire parmi les possessions de l'abbaye. Les moines « Casadéens » installèrent un petit prieuré (qui ne connut jamais un grand éclat) et furent peut-être à l'origine de la construction de l'édifice roman.

Toutefois, l'élévation d'un tel monument culturel au sein d'un territoire pauvre et difficile d'accès, ne semble trouver sa justification que par la fréquentation d'un lieu de pèlerinage.

*Notre-Dame du Mont-Cornadore, Vierge en majesté du XIIᵉ siècle marouflée polychrome. (Cliché Editions du Lys.)*

**1.** *Le chevet de l'église Saint-Nectaire avec ses chapelles rayonnantes.*

**2.** *La nef, large de 10,88 mètres, dont les arcatures visibles ici ont été « rajoutées » lors de la restauration, vers 1875, d'un bâtiment dévasté pendant la Révolution.*

**3.** *L'un des chapiteaux du chœur, la polychromie est d'origine. (Photos G.B.)*

En 1462, Jacques de Comborn évêque de Clermont, fit procéder à l'inventaire des reliques contenues dans l'église. Trente-six ans plus tard, le corps de saint-Nectaire fut placé dans une châsse et un buste d'argent, qui furent exposés sur un nouvel autel. A la fin du XVIIᵉ siècle, les reliques de saint-Auditeur seront également exhumées. En 1794, le clocher du transept sera abattu et le trésor envoyé à la fonte ; le buste de saint-Baudime et quelques objets furent cependant soustraits par une femme courageuse, Marguerite Ventalon.

De 1875 à 1876, l'architecte Bruyerre entreprend la restauration complète de l'édifice. Il reconstruit les trois clochers, dont celui du transept à l'imitation du clocher voisin de Saint-Saturnin.

Après une période récente, ou la libre visite de l'église de Saint-Nectaire était devenue pratiquement impossible, les portes du magnifique édifice roman viennent, voici peu, de se rouvrir enfin à l'admiration de tous.

**Remerciements**
- Abbé Brumelot.
- Mme Merle, Editions du Lys.

**Renseignements :**
- Abbé Brumelot, presbytère, 63710 Saint-Nectaire. Tél. : 04 73 88 50 67.

**Bibliographie :**
- *Auvergne romane*, abbé Bernard Crarixx, Editions du Zodiaque, 1955.

*Buste de Saint-Baudime datant du XIIᵉ siècle. (Cliché Editions du Lys.)*

*Vue de **Montaigu** d'après l'**Armorial**. Au premier plan, un berger, ses moutons et sa roulotte. Puis la cité, serrée derrière ses remparts s'accrochant au relief et à la pente raide, est dominée par le château construit au sommet, sur le roc. Le donjon roman carré et crénelé est entouré par une enceinte polygonale arrivant à mi-hauteur, formant une chemise percée d'archères de ce côté. Une partie du logis domine l'a-pic du ravin de La Rodde. On aperçoit l'église à gauche et le pont à éperons sur la Couze à droite. Dans le fond à gauche, on distingue le château de Champeix.*
*(BNF, ms. fr. 22297, f°.)*

308

*Armes de Guy de Montaigu, d'après l'**Armorial** (f° 59) : « De gueules au lion d'hermine couronné d'or. » Cimier : un lion assis couronné, levant la patte dextre. Cri : « Montaigu ». (BNF.)*

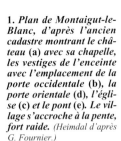

*1. Plan de Montaigut-le-Blanc, d'après l'ancien cadastre montrant le château (a) avec sa chapelle, les vestiges de l'enceinte avec l'emplacement de la porte occidentale (b), la porte orientale (d), l'église (c) et le pont (e). Le village s'accroche à la pente, fort raide. (Heimdal d'après G. Fournier.)*

*2. Montaigut depuis l'ouest, un peu en dessous de la vue de l'Armorial, avec les toits du village et le château présentant, de droite à gauche, le donjon, le logis attenant et la tour ronde. (G.B.)*

# Montaigut-le-Blanc

Ce site perché entre la vallée de la Couze, au sud, et le ruisseau encaissé de la Rodde au nord, est resté proche de ce que l'*Armorial* nous montre vers 1450. D'après Gabriel Fournier, l'habitat primitif aurait pu être situé dans la vallée, à un kilomètre au nord-est, à Saint-Julien-de-Chalmette et, pour des raisons défensives, il se serait redoublé et un nouvel habitat se serait installé sur le site perché de Montaigut, qui porte bien son nom. Ce dédoublement aurait eu lieu au plus tard au XIe siècle, probablement au Xe siècle à l'époque où les petites seigneuries se sont multipliées. Dans la deuxième moitié du XIe siècle, les moines de Sauxillanges possèdent l'église de Montaigut, près de laquelle se trouve un clos de vignes. Mention est alors faite aussi du château. La famille de Montaigut est mentionnée au XIIIe siècle. Des études généalogiques font remonter cette famille à Pierre de Montaigut, vivant en 1175, à Montaigut. Mais, ce nom de lieu étant courant, s'agit-il du même lieu et de la même lignée ? Si, c'est le cas, son fils Pierre II, qui avait rendu hommage à l'évêque de Clermont en 1220, parti en croisade avec Saint Louis, sera tué à la bataille de la Mansourah, en 1250. En tout cas, **Pierre** et **Guérin de Montaigut**, qui seraient les fils de ce Pierre II, sont cités en 1229, 1257 et 1270, comme témoins dans des actes passés par les Dauphins, et sont seigneurs de ce château. Les Montaigut tiennent leur fief des Dauphins qui tiennent le leur de l'évêque de Clermont. En **1259**, Guérin est, avec Robert Dauphin, un des barons auvergnats présentant une requête à Alphonse de Poitiers afin de défendre leurs privilèges, dont leur droit de guerre privée. Mais, pendant ce XIIIe siècle, la situation se complique avec des co-seigneurs tenant la seigneurie en indivis. Mais le donjon cylindrique de Rognon, à deux kilomètres en amont dans la vallée, sur la même seigneurie est peut-être en relation avec la présence de co seigneurs. A la fin du Moyen Age, les Montaigut ont assis leur fortune en restant dans l'entourage des Dauphins et affirment leur position par des alliances matrimoniales, avec les Langeac, le Mareschal, Montmorin. Au XVIe siècle, Emmanuel d'Allègre reconstituera enfin

la seigneurie qui devait être partagée entre une demi-douzaine de co-seigneurs ! Son fils, Yves, marquis d'Allègre et de Tourzel, sera maréchal de France.

La vue de l'*Armorial* est prise depuis le versant du plateau dominant la vallée de la Rodde et Montaigut, à l'ouest. Très habilement, le dessinateur a fait plusieurs croquis pour réaliser un panoramique permettant de voir le maximum d'éléments. Ainsi, l'*église*, qu'on aperçoit sur la gauche, est invisible derrière le château depuis ce point de vue, de même que le **pont** à éperons (sur lequel se dresse une croix) sur la Couze. On distingue tout d'abord un berger et ses moutons, quelques maisons basses et le ravin de la Rodde sur la gauche qui est effectivement aussi escarpé. Puis se dresse l'**enceinte**, vaste et protégeant la plus grande partie du village. Le crénelage y est rare mais elle est flanquée de tours (six sont visibles ici) et munie de quelques échauguettes. Sur sa face nord, au-dessus du ravin, ce rempart suit le relief très raide. Sur cette face, la tour ronde a disparu et le rempart est devenu maintenant un mur de soutènement. Puis vient l'angle nord-ouest, bien visible ; la tour ronde qui suit subsiste, ruinée, puis une autre tour, disparue. Vient alors une **porte**, surmontée d'un crénelage et précédée d'une barbacane ; elle a disparu, son emplacement se trouvait là où la route entrait dans le village. Le rempart continue vers le sud sur la pente. L'échauguette et la tour carrée ont disparu mais le rempart est encore bien visible ainsi que les deux tours rondes suivantes. Par contre, sur sa face sud, le rempart a disparu et on ne le retrouve qu'à l'est, dans le secteur de l'église. Là, on trouve quelques vestiges du mur et surtout la **porte** orientale dont l'ogive et deux corbeaux des mâchicoulis qui la surmontaient sont conservés. L'**église**, romane, a été très remaniée. A proximité se trouve encore une maison présentant deux ouvertures médiévales dont une petite fenêtre à ogive polylobée.

Le **château**, domine l'ensemble du sommet du « mont aigu ». Un donjon quadrangulaire crénelé occupe le point le plus haut de ce relief. Il est précédé, à l'ouest, du côté de l'attaque, par une chemise arrivant à mi-hauteur, per-

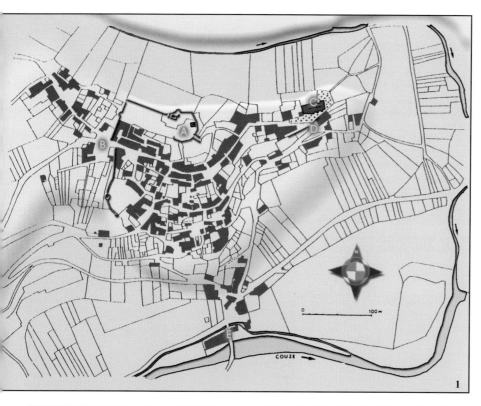

1

2

3

4

5

cée d'archères dans sa partie haute ; il ne reste plus que les parties basses de cette chemise bien visible sur l'*Armorial*. A gauche, du côté du ravin, ce donjon est flanqué par une aile plus basse avec un toit en pente, munie d'une échauguette (probablement une latrine) et une fenêtre à meneaux au premier étage ; cette partie subsiste actuellement. On aperçoit ensuite une tour à bec qui est en fait circulaire (erreur de l'artiste ou modification ultérieure ?) A l'est et au sud, dans le prolongement de la chemise du donjon, courait une enceinte polygonale dont il reste encore les parties basses. A l'est, sur cette enceinte castrale, s'appuie la chapelle (ruinée actuellement) dont les belles fenêtres du chevet sont percées dans cette enceinte.

Ce château était ruiné. Le donjon carré avait été flanqué d'une belle tourelle d'escalier construite en 1477 et datée par l'inscription gravée sur le tympan de la porte : [L'A]N MILCCCCLXXVII/[CES]TE VIX C ['EST] COM/NCE. Les angles de ce donjon sont construits avec des moellons de moyen appareil, soigneusement taillés, mais le reste des murs a été édifié avec un blocage irrégulier rythmé par deux chaînages

3. *Montaigut depuis la vallée, le village, le château et l'église.* (G.B.)

4. *Le pignon de la chapelle castrale, romane, avec ses fenêtres percées dans l'enceinte polygonale.* (G.B.)

5. *La porte orientale du village. Il ne reste que deux des corbeaux qui portaient les mâchicoulis surmontant cette porte.* (G.B.)

horizontaux de moyen appareil. Avant la construction de la tourelle d'escalier, la porte primitive ouvrait au premier étage sur la face ouest. Le rez-de-chaussée est taillé dans le roc et on y accédait alors par une trappe ouvrant dans la voûte de la salle de ce premier niveau ; elle sera bouchée au XVᵉ siècle par une clef de voûte décorée du lion des Montaigut. Mais avec la ruine du bâtiment et la disparition des planchers et des marches de l'escalier, la construction est fragilisée. Après 1906, le mur de blocage de la face sud du donjon s'effondre. Mais un architecte s'y intéresse et commence les premiers travaux de restauration. Le béton est utilisé pour reconstituer les marches de l'escalier en vis. La famille Sauvadet prend alors le relais et termine la restauration du donjon dans lequel des chambres d'hôtes sont installées. On peut ainsi séjourner dans le donjon médiéval de Montaigut, dans un cadre d'exception, point idéal pour découvrir la Basse Auvergne médiévale…

Pour séjourner au donjon, Le Chastel Montaigu - tél. : 04 73 96 28 49.

*Ci-dessous : **Le donjon tel qu'il se dressait encore vers 1900. Les créneaux sont encore en place, on aperçoit une fenêtre à meneau et d'autres ouvertures plus petites. Cette illustration a été publiée dans le numéro de janvier 1906 de la revue l'Auvergne historique.** (Coll. part.)*

*Ci-dessus, à droite : **Peu après 1906, comme l'atteste cette photo, le blocage irrégulier de la face sud s'est effondré, le donjon présente alors cet aspect dévasté. Il faudra l'effort acharné des restaurateurs pour lui redonner vie.** (Coll. part.)*

*Ci-dessous : **Belle fenêtre médiévale à meneau simple dans l'enceinte polygonale du château.** (G.B.)*

*En haut à droite : **Le donjon magnifiquement restauré flanqué de sa tourelle d'escalier édifiée en 1477. Les armes des Montaigut, sculptées sur le tympan de la porte ont été bouchées.** (G.B.)*

*Ci-contre : **Le haut de la tourelle d'escalier était resté intact, les marches ayant été arrachées. Après restauration on peut de nouveau en admirer la voûte avec sa clef de voûte montrant le lion des Montaigut.** (G.B.)*

*Ci-dessous : **Cheminée restaurée à l'intérieur du château.** (G.B.)*

*Vue actuelle du château depuis la vallée. On ne distingue plus que des vestiges de l'enceinte castrale, le rez-de-chaussée du donjon circulaire avec une voûte percée d'un orifice, les fondations du donjon carré et, surtout, la chapelle Saint-Jean qui a perdu son clocher pignon et est maintenant flanquée d'une tourelle ronde.* (G.B.)

# Champeix

Vers 1200, la famille de Champeix tient un château situé sur un éperon dominant la vallée de la Couze. Les Dauphins y exercent des droits et, en **1225**, R. de Champeix cède tous ses droits (à l'exception de deux maisons) sur la châtellenie de Champeix à Dauphin, en échange de la terre de Saint-Floret (voir page 58). Les Dauphins feront hommage de la terre et du château de Champeix aux évêques de Clermont. Au milieu du XIII<sup>e</sup> siècle, ce château est leur principale résidence, avant leur installation au château de Vodable. En **1262**, la franchise qu'ils accordent à Vodable oblige les habitants de cette localité à venir fouler leurs draps au moulin à foulons de Champeix. A cette époque, Champeix est une bourgade de paysans et un lieu d'échanges avec un marché. Certains paysans sont pauvres et ont du mal à faire la soudure entre deux récoltes ; par son testament, Robert III Dauphin créé en **1302**, comme à Vodable, une commission chargée de prêter du seigle jusqu'à la moisson suivante à ces paysans pauvres. En **1423**, une charte de franchises est accordée aux habitants qui disposeront d'un **consulat**, du droit de pêcher et de ramasser du bois mort dans la Couze, du droit de chasse et de garenne. En outre, les clefs de la ville, qui se trouvaient aux mains du capitaine du château, sont remises aux consuls. Mais la population devra assurer la garde et l'entretien de l'enceinte. Elle devra aussi assurer le guet du château. Trois ans plus tard, à la mort de **Béraud III** (1426), la seigneurie échoit à son gendre, Louis II, duc de Bourbon ; elle restera dans sa famille qui la vendra au début du XVI<sup>e</sup> siècle à une famille bourgeoise d'Issoire, les **Boyer**. Austremoine Boyer aura été secrétaire des rois Charles VII, Louis XI et Charles VIII et sera anobli en 1490. Cette terre passera en 1565 au connétable de Montmorency et sera échangée dix ans plus tard et passera aux Montboissier-Beaufort.

*Sur ce plan cadastral de 1812, nous distinguons le château (A) bâti sur un éperon détaché par deux fossés (5 et 6), encore bien visibles actuellement, avec son donjon circulaire (1), son donjon quadrangulaire (2) et sa chapelle castrale-Saint-Jean (3), construction romane. L'enceinte du château est entourée par l'enceinte de la basse-cour, toutes deux épousent le relief. Le quartier principal, le Marchidial (B) trouve son origine dans le marché qui se tenait devant le château. Le second quartier (C) est regroupé autour de l'église Sainte-Croix (siège d'un prieuré). Ce quartier s'est développé sur la route d'Issoire (9) à Besse (10). La rive gauche de la Couze, au sud, situé sur la route menant (8) à Clermont. Le tracé en pointillé (7) montre les vestiges de l'enceinte du village bien conservée au nord (11) sur une cinquantaine de mètres, avec une tour. (MA d'après le cadastre de 1813 et G. Fournier.)*

*Cette vue de l'Armorial a été dessinée depuis le sud, depuis la croupe du plateau de la Croix du Bonhomme. Elle nous montre surtout le château avec, de gauche à droite, la porte d'entrée ouvrant dans une tour semi-circulaire alors dégradée (il ne reste maintenant que la porte). Puis le gros donjon circulaire crénelé protège le front nord, plus vulnérable. Il est fortement taluté (on aperçoit ce talus sur la gauche de ce donjon). Il en subsiste le premier niveau. Ce donjon aurait été édifié au XIII<sup>e</sup> siècle. Puis, toujours au nord, se dresse un bâtiment surmonté d'une haute tour carrée. Au milieu, nous voyons le haut donjon quadrangulaire dont la porte, située au second niveau, est accessible par une passerelle. Une latrine en échauguette est visible près de cette porte. Ce second niveau et le niveau supérieur sont éclairés par des fenêtres géminées. Ce donjon, qui remonterait au XIV<sup>e</sup> siècle, est couronné par des mâchicoulis et des créneaux. Il a été détruit, il n'en reste que les fondations. On aperçoit ensuite un logis puis la chapelle romane. Ce château est protégé par une enceinte basse en grande partie crénelée. On distingue le quartier du **Marchidial** sur la gauche puis des maisons en ruines au pied du château. Ce secteur est en cours de dégagement, pour une meilleure défense mais aussi pour établir des cultures en terrasses. On aperçoit deux pigeonniers, l'un avec un angle arrondi (« 4 » sur le plan), qui subsiste, et un autre, carré. On aperçoit le quartier de l'église Sainte-Croix à droite, dont une maison surmontée d'un massif conduit de cheminée et un paysan au travail avec son « fessou ». La bannière à gauche est celle du duc de Bourbon à qui appartient alors la châtellenie.* (BNF, Ms. fr. 22297, f° 59.)

*Porte médiévale typique (on comparera avec celles de Besse) visible dans le quartier de la rive gauche de la Couze.* (G.B.)

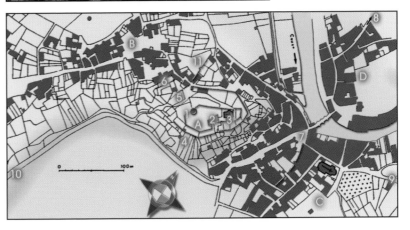

43

## La Sauvetat

Ce curieux village fortifié est, comme l'indique son nom, une « sauveté ». Il a été fondé par les Hospitaliers au XII$^e$ siècle ; ils y ont établi un château, une chapelle et une enceinte agrandie aux siècles suivants. A cette époque, la route remontant du Languedoc vers Paris butait sur les terres de l'Empire au nord du couloir rhodanien et le « chemin français » passait, en deux itinéraires, de part et d'autre de la vallée de l'Allier. D'Issoire à Monteferrand l'un d'eux passait par ici. Les Hospitaliers vont créer un asile, une « sauveté » délimitée par des croix, pour accueillir les pèlerins se rendant, ou revenant de Saint-Gilles-du-Gard, port pour Rome et la Terre Sainte, remplacé par Aigues Mortes sous le règne de Saint-Louis. Toute cette route, empruntée par les pèlerins, mais aussi les marchands, était jalonnée par ces relais où les chevaliers Hospitaliers accueillaient et soignaient les pèlerins, distribuaient les aumônes aux plus pauvres.

Vers **1200**, les Hospitaliers de Saint-Jean édifient une première enceinte renfermant la chapelle et une tour carrée, ce sera la **claustre**. Ils vont aussi assécher le vaste marais d'une centaine d'hectares situé en dessous de la sauveté. A l'intérieur de l'enceinte, outre les pèlerins, les habitants sont libres de transmettre leurs biens, comme dans les « villeneuves » du nord et les « bastides » du Sud-Ouest. Errants et fugitifs peuvent y trouver un asile. Après la chute de Saint-Jean d'Acre en 1291 et la fin des états latins de Terre Sainte, les routes de pèlerinage ne se dirigeront plus que vers Rome et Saint-Jacques-de-Compostelle dont, en Auvergne, le chemin partant du Puy en Velay.

Avec les troubles de la Guerre de Cent Ans, une **seconde enceinte** vient augmenter l'étroite enceinte de la *claustre*, vers la fin du XIV$^e$ ou vers le début du XV$^e$ siècle. C'est alors qu'est construit le puissant **donjon** cylindrique ; il domine de sa masse imposante la nouvelle porte. Haute de 24 mètres, cette tour est admirablement appareillée. Elle montre une disposition assez semblable au donjon de Montpeyroux qui a dû l'influencer (voir page 48). Le *rez-de-chaussée* est aveugle, c'est une réserve de vivres. Il est percé d'une porte surmontée des armoiries de l'Ordre des Hospitaliers de Saint-Jean-de-Jérusalem et de celles d'Odon de Montaigu, dont le gisant est dans l'église d'Olloix (voir page 35). Comme à Montpeyroux, l'accès se fait par une porte ouvrant au *premier étage* dans une salle des gardes. A partir de ce niveau, un escalier en vis mène aux étages supérieurs. Au *deuxième étage* se trouve une salle noble éclairée par trois fenêtres et chauffée par une cheminée. Au *troisième étage* se trouve une pièce équivalente mais plus basse puisque, sous la voûte, se trouve une pièce munie de trois archères, en dessous la terrasse crénelée.

Enfin, au XV$^e$ siècle, une **troisième enceinte** munie de neuf tours dont deux encadrant la porte d'entrée, et entourée de fossés, englobe l'ensemble.

Le « **fort** » est enfin constitué. La Sauvetat reste un témoignage particulièrement précieux de ce type de localité. Particulièrement en Limagne, les *forts* donnent leur originalité à de nombreux villages. Pour affronter les périodes de troubles, dans les basses-cours des châteaux mais aussi dans le centre des villages fortifiés, des abris temporaires ou « *loges* » étaient aménagés pour recueillir la population des alentours réfugiée à l'abri des remparts en cas de troubles. Ces *loges* consistaient en deux petites pièces superposées : une cave au rez-de-chaussée et une chambre à l'étage. Etant donné la place limitée dans l'enceinte, ces *loges* étaient étroites et les ruelles les desservant l'étaient tout autant. On retrouve ce type d'habitat-refuge au cœur des localités. Mais, peu conformes aux usages de la vie moderne, certains ont disparu, l'un de ces *forts* a été rasé, il y a peu, pour faire un parking… La Sauvetat présente l'immense intérêt de présenter quasiment intact l'un de ses *forts*, avec une grande partie de ses enceintes.

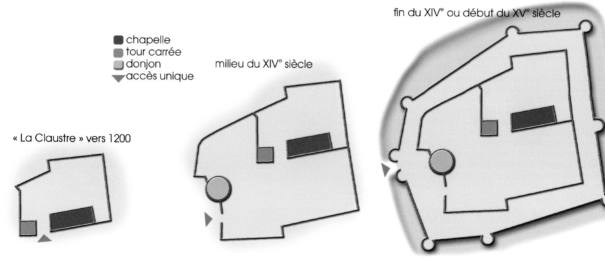

chapelle
tour carrée
donjon
accès unique

« La Claustre » vers 1200

milieu du XIV$^e$ siècle

fin du XIV$^e$ ou début du XV$^e$ siècle

La plupart des tours, et une partie des courtines de l'enceinte extérieure de La Sauvetat sont encore en place. L'une d'elles à l'angle sud-ouest vient d'être dégagée. Des restaurations sont en cours et tentent de dégager, peu à peu, les anciens fossés. En arrivant par l'ouest, par la place publique, après avoir fait le tour de l'enceinte, on entre dans l'ancienne cité par la **grande porte** dont il reste l'une des tours qui l'encadrait et le passage ouvert. Nous arrivons très vite à la **seconde enceinte**, dominée ici par la masse imposante du **donjon**. Celui-ci est flanqué par la **deuxième-porte**, large d'environ 2,50 mètres, avec un arc surbaissé surmonté d'un emplacement rectangulaire où devait se trouver une pierre armoriée. Une fois cette porte franchie, tout de suite à droite dans la ruelle se dresse la **Maison Vaudel**, bel édifice médiéval remanié au XIXᵉ siècle ; il abrite un musée consacré à l'ordre des Hospitaliers. En face, se dressait la *grande écurie*. Au bout de cette ruelle, une petite place. A gauche, se dresse une troisième porte, la **porte Saint-Jean**. C'est une porte double, charretière et piétonne (cette dernière est bouchée). Les deux portes sont surmontées d'un assommoir, la plus imposante est en outre défendue par une bretèche percée d'une archère. Nous arrivons maintenant dans un labyrinthe de **ruelles** très étroites. Cela ne facilite pas les travaux de restauration, aucun véhicule ne pouvant y accéder, laissant le passage aux seules brouettes. A droite : une ruelle très étroite irrigue le *Quartier Saint Jean*. Sur la gauche, on arrive à l'entrée du donjon. En face on passe à l'emplacement de l'ancienne **porte de la claustre**, on arrive alors dans la cour de la cour de la commanderie avec **l'église Saint Jean-Baptiste** à droite, les vestiges de la *Tour de la Claustre* à gauche et ceux du *logis du commandeur* en face. Nous pourrons examiner de nombreux détails d'architecture dont des fenêtres aux modèles variés et apprécier la restauration en cours de ce remarquable ensemble.

*L'enceinte extérieure, avec la tour sud-ouest récemment dégagée, dominée par la masse du donjon.* (G.B.)

**1.** *Porte de la deuxième enceinte située à proximité du donjon.* (G.B.)

**2.** *Revers de la porte de la deuxième enceinte et Maison Vaudel à gauche.* (G.B.)

*L'une des tours.* (G.B.)

1

2

*Ci-dessus : coupe du donjon. (M.A.)*

**1.** *Parement particulièrement soigné du donjon.* (G.B.)

**2.** *Le donjon, haut de 33 mètres, domine le « fort ».* (G.B.)

**3.** *Porte Saint-Jean.* (G.B.)

**1**

**2**

*Ci-dessus : **Entrée du donjon : la porte du rez-de-chaussée est surmontée par une pierre armoriée montrant le blason de l'ordre des Hospitaliers, à gauche, et celui d'Odon de Montaigu, grand prieur d'Auvergne, à droite.** (G.B.)*

**3**

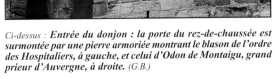

**4.** *Courtine orientale bien conservée avec une bretèche.* (G.B.)

**5.** *Tour nord-est et fenêtre médiévale percée dans la courtine.* (G.B.)

**4**

**5**

**1., 2., 3., 4. Diverses fenêtres médiévales percées dans le logis du commandeur et certaines loges.** *(G.B.)*

## La Vierge de la Sauvetat

Exceptionnelle création d'art religieux de la première moitié du XIVᵉ siècle, la Vierge en Majesté de la Sauvetat consacre la maîtrise des artisans et émailleurs limougeauds au Moyen Age.

Parmi la quarantaine de statuettes limousines recensées, imageant la Vierge Marie trônant et comportant ou non une âme de bois, celle-ci demeure, à ce jour, la seule œuvre datée sur l'ensemble de la série. Odon de Montaigu, Grand Prieur de l'Ordre des Hospitaliers de Saint-Jean de Jérusalem pour la « Langue d'Auvergne », fit réaliser cette « image » pour en faire présent à la chapelle Saint-Jean-Baptiste de la Sauvetat en 1319. Le trône, sans dossier, en forme de parallélépipède repose sur quatre pattes de lion (symbole régalien), et porte à chaque angle des colonnettes torsadées recevant un pommeau sommital. Les plans latéraux du Siège marial, sur fond d'émail champlevé bleu et fleurdelisé, présentent deux figures gravées au trait dont les jeunes visages, entourés d'un nimbe blanc, sont bordurés de rouge. La face droite est à l'image de Saint-Pierre, tenant deux grandes clefs jointes et les Evangiles ; Saint-Paul, à gauche, arbore une épée à lame large, symbole de son supplice. Au revers du trône, une inscription en caractères majuscules gothiques, incrustée d'émail d'un bleu profond, encadre une petite porte en plein cintre au décor d'azur émaillé et semé de fleurs de lis d'or.

Au centre de la porte, un Ange aux ailes déployées désigne de sa main droite le texte courant sur treize lignes margées horizontalement de fins liserés rouges. L'adjonction de cette épigraphe, ainsi que son contenu, traduisent l'importance liée à cette création, de même que la volonté de son commanditaire et donateur.

**Renseignements :** Mairie de la Sauvetat, rue de la Mairie, 63730 La Sauvetat. Tél. : 04 73 39 52 55

**Remerciements :**

- Madame Troquet ; Madame J. Duiker ; Madame Chambefort. Monsieur André Cohendy-Bray.

**Bibliographie**

- *Histoire de La Sauvetat-Rossilé.* Abbé F.H. Guelon, 1882 Clermont-Ferrand, Bibliothèque de La Sauvetat.

- *La Vierge de La Sauvetat.* Abbé Roussel, 1912. Clermont-Ferrand.

- *La Sauvetat membre de la commanderie d'Olloix.* Jeannine Duker, 1997, A.R.G.H.A. Auvergne.

- *Emaux du Moyen Age,* Marie-Madeleine Gauthier, Office du Livre, Fribourg, 1972.

**Croisillon gauche de l'église Saint-Jean.** *(G.B.)*

*Ci-dessus :* **Malgré son appartenance à une époque tardive, cette représentation conserve par son type iconographique, la tradition des Vierges en Majesté romanes : visage hiératique mais d'une rassurante quiétude ; Enfant Jésus bénissant à main droite et tenant « le livre » à main gauche.** *(M.M.)*

*Ci-contre :* **Inscription sur le siège de la Vierge « Le seigneur Odon de Montaigu, hospitalier, prieur d'Auvergne, fit faire cette image en l'honneur de la bienheureuse et glorieuse Vierge l'an du seigneur 1319. Que le seigneur Dieu Jésus Christ par sa sainte miséricorde le garde pour la vie éternelle. Ainsi soit-il. ».** *(M.M.)*

1

3

## Montpeyroux

Dominant la rive gauche de l'Allier en une butte rocheuse allongée vers le sud, Montpeyroux mérite bien son nom de *mons petrosus*, le « mont pierreux ». Il y avait là des carrières d'arkose, roche sédimentaire reconstituée à partir de graviers granitiques.

C'est un ancien village fortifié dominé par un majestueux donjon cylindrique, mais sans église paroissiale au Moyen Age ; Montpeyroux dépendait autrefois de l'église paroissiale de Coudes, dans la vallée, jusqu'en 1832 quand ce village haut fut érigé en paroisse. C'est un village ancien puisque certaines maisons remonteraient au début du XIIe siècle. Mais c'est un siècle plus tard qu'il prend sa silhouette actuelle en **1212**, lorsque le roi Philippe Auguste fait don de ce fief à Bertrand de la Tour d'Auvergne. Celui-ci fait alors aussitôt construire le grand donjon circulaire qui est une maîtresse tour « philipienne ».

Ce **donjon** est isolé sur un banc de grès, au sud-est du village. Sa plate-forme culmine à 33 mètres environ, son diamètre est de 14,25 mètres. Construit d'un seul jet, on peut voir les trous de boulins en spirale dans son parement extérieur qui ont servi à installer l'échafaudage hélicoïdal lors de sa construction, comme au donjon de Coucy. Les murs du *rez-de-chaussée* ont une épaisseur de 4,50 mètres ; ils abritent une réserve de vivres sans ouvertures vers l'extérieur. On y accédait par le sommet ; la porte actuelle ne fut percée qu'au XVe siècle avec l'actuelle pièce d'accueil qui servait de salle d'audience. A l'origine, on accédait au *premier étage* par un escalier de bois et une passerelle menant à une porte percée à ce niveau. Cette pièce ronde servait de corps de garde, elle était éclairée par une fenêtre au fond d'une profonde embrasure flanquée de banquettes de pierre. Au centre du sol de cette pièce : la trappe carrée menant à la réserve à vivres. Un escalier ménagé dans l'épaisseur de la muraille démarre dans le

2

4

5. *Escalier ménagé dans l'épaisseur de la muraille du donjon.* (G.B.)

6. *Latrines installées dans une bretèche demi-cylindrique. On y accède par un couloir en chicane.* (G.B.)

7. *Fenêtre au fond d'une embrasure ménagée dans l'épaisseur du mur et bordée de banquettes de pierre.* (G.B.)

8. *Quelques maisons médiévales avec le sommet du donjon en arrière-plan.* (G.B.)

côté. Au milieu de chaque côté, un passage aboutit à une grande archère en rame d'une hauteur d'environ 3 mètres. Un escalier mène à un chemin de ronde crénelé et à l'échauguette de veille.

Ce remarquable donjon, témoigne de l'introduction des modes « philipiennes » dans la région au début du XIIIᵉ siècle ; il présente beaucoup d'analogies avec celui de La Sauvetat (voir page 44). L'accès actuel se fait par la réserve du rez-de-chaussée au moyen d'un raide escalier de bois donnant sur l'ouverture carrée ouvrant dans le sol du premier étage. Passée cette ascension laborieuse l'accès aux étages et au chemin de ronde permet une superbe vision panoramique sur la région alentour.

Quant au village, les ruelles étroites suivent les courbes de niveau et sont reliées entre elles par des passages. Les maisons s'étagent ainsi sur la croupe rocheuse.

couloir d'accès, face à la niche du garde qui surveillait la porte. Cet escalier mène au *deuxième étage,* pièce noble, plus élevée, éclairée par une fenêtre située au fond d'une embrasure identique, disposant d'une cheminée et d'une latrine située au bout d'un couloir en chicane. On accède à la *plate-forme sommitale* par l'escalier ménagé dans l'épaisseur de la muraille. Cette plate-forme présente un espace carré de 4,60 mètres de

# Besse

Au sud-ouest de cette promenade médiévale en Basse-Auvergne, Besse, cité montagnarde, offre un intéressant contraste avec Billom, cité de plaine, située à l'opposé (pages 70 à 75) et présentant une architecture très différente où domine le pan de bois. A Besse, pas de pans de bois, mais l'aspect rude et sombre du basalte. Ces deux cités nous donnent un intéressant panorama de l'architecture urbaine de Basse-Auvergne.

Epris de liberté, les solides montagnards de Besse sont les premiers à bénéficier d'une charte de franchise, au XIIIᵉ siècle, obtenue aux dépens des seigneurs de la Tour d'Auvergne. Cette charte permettra un essor économique de la petite cité dont témoigne bien son architecture opulente quoique sévère. Cette cité a conservé une grande partie de son architecture gothique remontant aux XVᵉ et XVIᵉ siècles. Elle témoigne d'une grande standardisation du décor : portes et fenêtres sont quasiment identiques d'une maison à l'autre ; la production en série est courante au Moyen Age. La diversité des décors que nous connaissons tient au fait que le Moyen Age s'est étendu sur une longue période. Au cours d'une même génération, on produisait un décor répétitif mais très soigné. De cette époque subsistent l'une des portes de la ville, remaniée au XVIᵉ siècle, le château du Bailli (qui représentait le roi) et de nombreuses maisons. L'église est en partie romane mais son chœur a été rebâti en 1555 et les chapelles latérales ont été édifiées aux XVIIᵉ et XVIIIᵉ siècles.

1. *L'une des portes de la ville, elle a été remaniée au XVIᵉ siècle.* (G.B.)

2, 3, 4. *Les boutiques de Besse montrent à quel degré de standardisation étaient parvenus les constructeurs de la fin de la période médiévale. Avec leur arc en anse de panier, leur porte centrale (pour la plupart) flanquée de leurs étals, les boutiques sont quasiment identiques, comme les portes et les fenêtres. Ces dernières sont de trois modèles : petite ouverture sans meneau éclairant, généralement, l'escalier en vis, - fenêtre à simple meneau (comme sur la photo « 5 ») - grande fenêtre à meneaux (ces derniers ont, pour la plupart, disparu).* (G.B.)

5. *Cette autre boutique est flanquée d'une tourelle d'escalier en vis.* (G.B.)

6. *Ruelle restée médiévale. On aperçoit d'anciennes boutiques sur la gauche et au fond.* (G.B.)

7. *Il s'agit probablement de la porte la plus ancienne qui soit conservée, son style la ferait remonter au XIIIe siècle.* (G.B.)

8. *Un décor rare de porte dans cette localité, elle est surmontée d'un arc en accolade, et de deux cœurs gravés. On remarquera la jolie petite fenêtre gothique à côté de cette porte.* (G.B.)

9. *Ce décor, beaucoup plus simple, est gothique mais a proba-blement été sculpté au XVIᵉ siècle ; il est de facture plus tardive.* (G.B.)

10. *On admirera le décor très soigné du plus simple modèle de fenêtre.* (G.B.)

11. *L'intérieur d'un escalier en vis éclairé par une petite fenêtre sans meneau.* (G.B.)

12. *Une tourelle saillante d'escalier. On remarquera la tourel-le d'escalier en encorbellement en haut à droite, permettant d'accéder au dernier niveau de la tour. Les petites fenêtres au-dessus de la porte ont été plus simplement décorées, typiques du XVIᵉ siècle. En effet, de chaque côté de la porte, on remarque deux têtes de personnages portant des fraises typiques de la seconde moitié du XVIᵉ siècle montrant que le style des portes gothiques s'est maintenu jusqu'à cette période.* (G.B.)

13. et 14. *Deux portes de facture classique, très courante dans la localité. On remarquera les petites fenêtres surmontant ces portes et éclairant les cages d'escalier ainsi que les écus sculptés au-dessus des portes qui portaient inscriptions ou armoiries, probablement peintes autrefois.* (G.B.)

15, 16, 17 et 18. *Autres portes et petites fenêtres de facture classique.*

19. *Celle-ci est plus richement décorée.* (G.B.)

1

1. *Le site troglodyte de Jonas, vers la fin du Moyen Age, restitution d'après les vestiges archéologiques. De gauche à droite, on remarque la partie maçonnée saillante du manoir avec ses fenêtres à meneaux, flanquée en haut de deux échauguettes. La cuisine est disposée au rez-de-chaussée, au-dessus d'une resserre à provisions enterrée et des « loges » de refuge temporaire. En arrière se trouve une pièce de réception sans fenêtre. Au premier étage (grande fenêtre) est placée la pièce de jour avec son foyer. Au-dessus se trouvent la pièce de défense avec ses échauguettes et, en arrière, la chambre. La surface des parois était chaulée, les salles ne résonnent pas. Deux bouches d'aération hautes dans la chambre assurent une ventilation la nuit quand les volets sont clos. A droite de ce manoir, on aperçoit son escalier d'accès et le four où le pain était cuit. On distingue ensuite diverses dépendances et, plus loin à droite, les fenêtres étroites de la chapelle. Une clôture protège l'ensemble. (Illustration : André Bravard.)*

2

4

3

2. *La chapelle présente une nef et un bas-côté, elle constitue probablement le noyau initial du site. (Photo Hervé Hugues.)*

3. *Détail des peintures de la chapelle, datées du XIᵉ siècle, ici dans un écoinçon d'une arcature taillée dans le tuf. (Photo Hervé Hugues.)*

4. *Partie maçonnée subsistante, l'une des fenêtres de la chapelle. (G.B.)*

5. *L'ancien four fonctionne toujours. Le pain (de seigle dans ce pays) était la base de la nourriture, à raison d'un kilo par jour et par personne. On en cuisait des tourteaux pour dix à quinze jours. Pour chauffer, on brûlait des fagots de branchage et des bûches minces. (G.B.)*

6. *Vue de la vallée, fertile, depuis l'intérieur du site. (G.B.)*

# Jonas

A l'est de Besse, un coude de la Couze Pavin passe au pied de la haute falaise de tuf basaltique du Puy-Saint-Pierre. Ce tuf volcanique, sec et compact mais altéré en façade, peut être creusé jusqu'à cinq mètres dans l'épaisseur de la falaise, la dureté augmentant au fur et à mesure. C'est ainsi que cette falaise a été creusée au moins dès le XIe siècle pour aménager une **chapelle**, annexe de la paroisse de Colamine. Comme une chapelle maçonnée, elle a reçu un décor architectural avec une nef, des colonnes et un bas-côté, voûté d'arêtes, moitié creusé dans le roc, moitié bâti. Cette chapelle est décorée de peintures romanes de bonne qualité, probablement les plus anciennes d'Auvergne (XIe siècle). Quatre prophètes, les bras étendus, sont peints dans les écoinçons d'une sorte d'arcature taillée dans le roc. Il y a aussi un cycle de la Passion et de la Résurrection, avec l'arrestation du Christ, le reniement de Pierre, le couronnement d'épines, Jésus descendu de la croix, les Saintes Femmes au tombeau, deux apparitions du Christ. On aperçoit aussi une Vierge de majesté dans une petite niche. Mais la partie orientale du bas-côté s'est écroulée, entraînant une grande partie du décor. Le plafond de cette chapelle est percé pour le passage des cordes du petit clocher situé au-dessus. D'après Patrick Saletta, il y aurait eu une communauté de moines installés dans ce site, qui seraient ainsi à l'origine des grottes de Jonas.

Mais ce site va devenir aussi un véritable village. La falaise est tournée vers l'est, protégée des vents dominants et de la pluie d'ouest, le climat est agréable. La falaise raide, avec un glacis naturel, offre une bonne protection. Entre ce glacis et la Couze Pavin, la vallée bénéficie d'un climat sec et doux ; on y cultive alors la vigne. Ces atouts favorisent un établissement humain. C'est ainsi qu'au XIIIe siècle Jonas est un site laïc et fait partie d'un fief de chevalier. Un **manoir** troglodyte a été établi dans la falaise, à côté de la chapelle. Un tel établissement offre certains avantages. La construction est rapide et peu coûteuse ; il suffit de creuser le tuf pour aménager des pièces, pas de matériaux à acheter ou à transporter, pas de charpentes et de toitures à réaliser. Il n'y a aucun risque d'incendie. C'est ainsi que, dans un premier temps, des pièces sont taillées dans le tuf, sur plusieurs niveaux reliés par des escaliers intérieurs. Une cuisine est aménagée avec un four, le conduit de cheminée est taillé dans le tuf dont il émerge. Puis, dans un second temps, une tour maçonnée vient se plaquer sur la façade de tuf, augmentant la surface habitable. Ce manoir, maison forte d'un petit seigneur, est doté vers l'extérieur de fenêtres à meneaux et pourvu d'échauguettes pour sa défense à la partie supérieure. En **1316**, le site est désigné comme *castrum seu repayrium*, « lieu fortifié d'importance réduite ». On trouve trace de la famille seigneuriale de Jonas dans l'*Armorial de Guillaume Revel*. Ainsi, les armes de *Jacques de Jaunat* sont représentées en dessous de la vue de

Clermont, au folio 71 : « *Parti : au 1, d'azur à la bande engrêlée d'or* (Jonas) ; *au 2, écartelé d'or et d'azur* (La Rochebriant) » cimier : *un buste de more.* Jacque de Jonas, chevalier, était fils de Guyonnet de Jonas, seigneur des Ramades. Il épousa une dame de la famille de La Rochebriant, ce qui explique le 2 du parti. Il était seigneur des Ramades, Cressinat et possédait un hôtel dans la ville de Crevant.

En haut de la falaise se trouvait le pressoir pour le vin, l'huile de noix ou l'huile de chanvre pour les lampes et, en remontant le sentier, on atteignait le hameau de Jonas avec sa fontaine. Mais, avec la fin du Moyen Age et après les troubles des guerres de Religion au XVIe siècle, le site, accessible seulement par un sentier, perd de son intérêt et sera progressivement abandonné. Les parties hautes seront encore utilisées comme pigeonniers. Et, en 1706, des effondrements du rocher entraîneront la chute d'un des autels de la chapelle.

*Vue actuelle du site. A part le mur maçonné de la chapelle, les parties construites en façade ont disparu. (G.B.)*

**Renseignements pratiques :**

Ce site a été aménagé pour la visite et nous permet de découvrir les conditions de vie dans un habitat troglodyte au Moyen Age.

Le site de Jonas est à Saint-Pierre-Colamine, au sud-est de Besse. Il est ouvert de février à octobre et aux vacances de Noël. Tél. : 04 73 88 57 98 - Fax : 04 73 88 54 31. E-mail : grotte-jonas@wanadoo.fr

5                                                                      6

## Saurier

Au cours de cette promenade, Saurier ne sera qu'une étape mais qui démontre l'abondance du patrimoine médiéval en Basse-Auvergne. Entre Jonas, si particulier, et Saint-Floret, site et château aux somptueuses fresques médiévales, au fil de l'étroite vallée de la Couze Pavin, Saurier présente d'importants vestiges médiévaux. Il conserve l'un des trois beaux ponts médiévaux décrits dans cet ouvrage, un manoir, des restes de remparts et quelques maisons médiévales, un site intemporel, halte avant la geste de Tristan à Saint-Floret.

*Le beau pont médiéval à trois arches et à éperons enjambe le flot de la Couze Pavin à Saurier. (G.B.)*

*L'étroit pont pavé de Saurier n'est plus emprunté par les véhicules, il est doublé actuellement par un pont moderne. Comme à Saint-Floret, un petit oratoire dédié à Notre-Dame se trouve au milieu du pont. (G.B.)*

1. *Porte méridionale de l'enceinte de Saurier. Comme à la porte orientale de Montaigut (voir page 41), la porte ogivale est surmontée de mâchicoulis, ici intacts. La rue passant sous cette porte mène à la maison du Louvetier, à gauche, et à l'église, située au bord de la Couze.* (G.B.)

2. *Le manoir seigneurial s'appuie sur le rempart oriental de la localité, et sur une tour ronde, et contrôle la porte orientale dont il ne reste plus que des vestiges.* (G.B.)

3. *Ce manoir du côté de la localité, très remanié aux XVIᵉ et XVIIᵉ siècles mais dont la tour d'escalier et la porte d'entrée rappellent l'origine médiévale.* (G.B.)

4. *Détail montrant la porte médiévale de la tour d'escalier du manoir.* (G.B.)

5. *La maison du Louvetier, siège d'un petit musée présente un échantillon de portes et fenêtres médiévales.* (G.B.)

6. *Détail de la porte d'entrée de la Maison du Louvetier, avec ses loups sculptés.* (G.B.)

7. *Autre porte médiévale au tympan médiéval décoré, maintenant bouchée.* (G.B.)

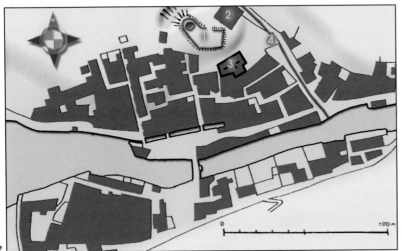

*1. Saint-Floret vers 1450 dominé par son château dont le donjon cylindrique est muni de hourds. Le logis haut, rectangulaire, à pignons de bois, s'inscrit dans l'enceinte qui entoure l'éperon et munie ici de deux tours semi-circulaires. Un logis bas se trouve au pied de ce château. La partie que nous voyons ici, a disparu : son extrémité nord, carrée, subsiste ; sa salle basse est décorée de superbes fresques évoquant le roman de Tristan. Au pied du château, l'église est coiffée d'un clocher-pignon et les murs des maisons constituent une enceinte simple pour le quartier central. D'autres maisons débordent de ce quartier central. Le pont se termine par une porte et son parapet est coiffé d'une croix en signe de protection. (BNF, Ns fr. 22297, f°.)*

*2. Plan de Saint-Floret d'après le cadastre de 1812. On remarque le château (1) et son logis bas (2) ainsi que l'église (3) et les limites (4) du quartier fortifié. (Heimdal d'après G. Fournier.)*

*3. Saint-Floret depuis son vieux pont dont la croix plantée sur le parapet a été remplacée par un petit oratoire. Un peu en arrière, des porches ouverts sous des maisons éclairées en partie par des fenêtres à meneaux sont un vestige de l'enceinte médiévale qui était constituée des murs des maisons formant un front continu. On distingue ensuite l'église munie d'un nouveau clocher puis le château dominant l'ensemble avec sa tour maîtresse cylindrique qui a perdu ses hourds. (G.B.)*

## Saint-Floret

*L'une des fenêtres à meneau simple des maisons médiévales de Saint-Floret.(G.B.)*

Saint-Floret est établi sur la rive nord de la Couze Pavin, en aval de Saurier. Mais le site primitif de cette localité se trouve sur l'autre rive, sur le plateau du *Chastel* dominant au sud le site actuel. Ce plateau du **Chastel** avait été choisi dès la protohistoire pour sa valeur défensive. Durant l'époque mérovingienne, le retranchement du Chastel va abriter une église qui sera dédiée à Saint-Flour. Cet édifice reconstruit durant le Moyen Age, avec une jolie peinture murale du XVe siècle dans la chapelle nord, domine encore les restes d'une nécropole mérovingienne dans un site maintenant inhabité. Au XIIIe siècle, cette église était le siège d'un prieuré de l'abbaye de Chantoin, citée en 1268, époque où ce site est déjà délaissé.

En effet, un autre château est alors construit sur le site actuel en utilisant un étroit éperon situé entre la rive nord de la Couze et un des affluents de la rive nord, le ruisseau de Lard, au débouché d'une vallée menant à Montaigut-le-Blanc et Champeix. Ce nouveau site correspond mieux aux conceptions défensives de cette époque. Ce château de **Saint-Floret** appartient à la famille de Dauphin d'Auvergne au début du XIIIe siècle. Mais, en **1225**, Guillaume Dauphin, comte de Clermont, abandonne cette terre de Saint-Floret à **Robert de Cham-**

peix (voir Champeix) qui lui abandonne, en échange, ses droits sur Champeix et rend hommage à Guillaume Dauphin pour cette nouvelle seigneurie, et prend le nom de sa nouvelle terre. Ainsi, en **1269**, **Jambert de Saint-Floret**, et ses deux frères, rendent hommage à Robert II Dauphin pour le château, le village, tous leurs biens dans la paroisse et au Chastel. Puis cette famille s'allie avec les seigneurs du Crest (voir le Crest) et les deux châtellenies vont ainsi se trouver unies. En **1298**, **Philippa de Courcelles**, veuve du seigneur des deux châtellenies, se place sous la protection de Robert III Dauphin, en attendant qu'**Athon**, héritier de Saint-Floret, atteigne sa majorité. Dans la seconde moitié du XIVe siècle, la seigneurie échoit à la famille de Jehan puis à la famille Le Loup (en 1594). En **1606**, d'après un hommage, la seigneurie de Saint-Floret consiste « *en un château fort assis sur un rocher, non entouré de fossés et* (le seigneur) *y avait droit de guet et de garde en temps d'éminent péril avec droit de capitainerie et de haute, moyenne et basse justice.* » Dessert - cité par G. Fournier, *op. cit.* p. 251.

L'éperon sur lequel est installé le château a été retaillé sur toutes ses faces. Il est isolé, au nord-ouest, par un profond **fossé en V** aux pentes fortement inclinées. Il

est précédé par deux autres fossés qui en complètent la défense. Cet éperon barré est entouré sur ses bords d'un **mur crénelé** (maintenant arasé) délimitant une basse cour. Au nord, sur le point le plus vulnérable mais aussi le plus élevé, un haut **donjon circulaire** a été édifié sur un moignon rocheux lui aussi retaillé. Ce donjon comporte un premier niveau qui a été creusé dans le roc jusqu'à trois mètres de profondeur. Ce niveau se termine par une coupole percée en son centre d'une trappe, seul accès à l'origine avant l'ouverture d'une porte à mi-hauteur de ce magasin. Au second niveau se trouve l'entrée originelle, à mi-hauteur de l'édifice. Vers **1450**, le sommet de ce donjon est entouré d'un hourdage de bois et se termine par un toit conique.

Sur la vue de 1450, l'étroite enceinte crénelée qui suit le rebord du sommet du rocher est défendue par **deux tours** sur sa place occidentale (l'une au milieu de la courtine et l'autre au sud-ouest). Dans la **basse-cour**, un grand **bâtiment résidentiel** rectangulaire (mainte-

4. *Le château planté sur son éperon retaillé.* (G.B.)

5. *Façade sud du logis bas, avec un occulus quadrilobé et une fenêtre à meneaux.* (G.B.)

6. *Façade nord du logis bas, avec l'une de ses échauguettes, ses fenêtres à occuli quadrilobés, une fenêtre à meneau et une latrine.* (G.B.)

nant entièrement détruit) occupe tout l'espace nord-est de cette basse-cour ; il est éclairé au sud par une grande baie à remplage gothique. Son angle est soutenu par un contrefort. Son emplacement est actuellement marqué par une excavation rectangulaire. En contrebas de l'éperon rocheux et en partie caché par lui sur la vue de 1450, un **grand logis** rectangulaire, surmonté par de hautes cheminées rectangulaires, est composé de deux grandes salles superposées voûtées d'ogives, conservées. Ce bâtiment inférieur, se terminant par une tourelle à son angle nord-ouest (une autre s'élevait à son angle sud-ouest) ne présente pas une valeur défensive importante mais sa salle inférieure est encore remarquable par ses **fresques** datées du XIVᵉ siècle (datées des années **1370**). Elles représentent des scènes du Roman de la Table Ronde liées au cycle de Tristan.

En fait, la citadelle haute aurait été complétée au XIVᵉ siècle par ce logis, constitué d'une tour carrée s'appuyant au rocher, couronné d'un chemin de ronde et flanqué de quatre échauguettes circulaires. Au-dessus d'une cave voûtée se superposent deux niveaux couverts de voûtes sur ogives à douze branches. Une porte en arc brisé donne accès à la salle du rez-de-chaussée où se trouvent les fresques. Cette vaste salle est éclairée, en alternance, par des fenêtres rectangulaires et des occuli en forme de quatre feuilles. Au nord, cette salle est munie d'une vaste cheminée décorée de fresques représentant certaines scènes du roman de Tristan en prose. Les consoles recevant les ogives correspondent à ces fresques, l'une d'elles montre la belle Yseut avec ses cheveux blonds déliés sous sa couronne royale. Au-dessus de cette salle d'apparat et de réception se trouve la salle servant à l'habitat munie aussi d'une cheminée et possédant une armoire dans ses murs, un espace pour la garde-robe et une latrine en saillie, à l'un des angles. Vers 1370, alors que la seigneurie appartenait à la famille Jehan, ces seigneurs bâtirent cette superbe tour résidence. Ils étaient assez riches « *pour constituer l'un des plus éblouissants décors de résidence, mélangeant la sculpture à la peinture pour égayer leur salle engoncée dans les vallées auvergnates.* » (1)

Le dessin de l'Armorial a été réalisé depuis le sommet du versant septentrional de la butte du Chastel. D'après Gabriel Fournier (2), on peut retrouver à quelques mètres près l'anfractuosité du rocher où le dessinateur s'était installé. Le **village** se tasse dans la vallée entre la pente sur laquelle s'accroche le château et la Couze Pavin qui est franchie par un **pont** sur lequel s'élève une croix (remplacée maintenant par un petit oratoire). Au pied du château, le village se serre en un quartier semi fortifié dont les murs des maisons constituent les simples défenses. Aujourd'hui encore, un porche, ouvert sous une maison, constitue la porte d'entrée de ce quartier où se dresse l'**église** alors coiffée d'un clocher - pignon aujourd'hui remplacé par un clocher reconstruit vers la fin du XIXᵉ siècle. Les maisons du village débordent le quartier central fermé. Certaines maisons remontent à cette époque et ont conservé leurs fenêtres à meneaux ; Saint-Floret est resté proche du village dessiné vers 1450.

(1) J. Mesqui, *Châteaux forts et fortifications en France,* Flammarion, p. 332-333.

(2) G. Fournier, *op. cit,* p. 25.

**1.** *La salle basse du logis bas avec sa cheminée, ses voûtes sur ogives à douze branches, ses occulis quadrilobés et ses superbes fresques, datées vers 1370, évoquant le roman de Tristan.* (G.B.)
**2. 3 et 4.** *Les trois principales scènes décorant le mur de la salle d'apparat.* (G.B.)

2

3

4

1

*Cette vue de l'Armorial nous montre un château quadrangulaire avec un logis sur sa face méridionale, en mauvais état. Ce château est inclus dans une enceinte, en partie délabrée et qui devait protéger des loges. Les fossés en eau sont alimentés pour une dérivation de la Couze. Le village, sans enceinte, se trouve à gauche (au nord) avec son église. (BNF, Ms fr. 22297, f° 309.)*

# Saint-Vincent

A peu de distance de Saint-Floret, en aval de la vallée de la Couze Pavin, sur la rive sud, se dressent le château et le village de Saint-Vincent. En **1262**, le seigneur de Montaigut-le-Blanc (voir page 40) tenait la terre de Saint-Vincent en fief de Robert II Dauphin (lui-même en faisait hommage à Alphonse de Poitiers). En **1304**, Pierre de Montaigut (seigneur de Montaigut et de Saint-Vincent) épouse Isabeau Dauphine. Leur petit-fils, Jean, sera chambellan de Charles V. Celui-ci entre en conflit avec Béraud II ; l'affaire sera portée devant le sénéchal d'Auvergne lors du parlement de **1392**. Jean de Montaigut est condamné et meurt peu après.

La vue de 1450 est prise depuis le bord du bief (visible au premier plan) coulant sur la rive orientale de la Couze et montre le côté nord-ouest du village et du château. Au centre, le **château**, se dressant dans l'enceinte extérieure, est de plan quadrangulaire. Il est constitué au sud-est d'un logis rectangulaire avec toiture à deux pans et éclairé de fenêtres à meneaux. Son enceinte crénelée flanquée de deux tours rondes écrêtées, face nord, est lézardée. Le tout paraît en mauvais état. La vaste **enceinte** formant basse-cour est crénelée, flanquée de plusieurs tours rondes et d'une porte encadrée de deux tours rondes et surmontée de mâchicoulis. Une partie de cette enceinte, plus basse et percée d'archères, est surmontée d'un chemin de ronde en partie couvert. Une latrine est accrochée sur cette portion du mur contrôlant la vanne qui régule la dérivation de la Couze baignant le pied des remparts. Sur la gauche, on aperçoit l'église et une partie du village. On remarquera les clôtures tressées, la porteuse d'eau et l'attelage.

Aujourd'hui, il reste peu de chose de cet ensemble. Le **château** est entièrement détruit. Il ne reste que des vestiges de **l'enceinte extérieure** sur le plan de 1813 : une tour à l'angle nord-est (celle qui est à gauche sur le dessin) et une autre, éventrée, à l'angle sud-ouest (à droite sur le dessin). Sur ce plan de 1813 apparaissent aussi des parcelles régulières en lanières. G. Fournier pense qu'il pourrait s'agir d'un témoignage d'anciennes *loges* (voir la Sauvetat, p. 44) établies autrefois dans la basse-cour du château.

Quant au **village**, que nous voyons à gauche du dessin, au nord, avec son église, il a connu aussi quelques modifications. Le clocher-pignon, comme à Saint-Floret, a été malheureusement remplacé au XIXᵉ siècle par une tour carrée plaquée sur la façade. Et le reste de l'église a été remanié après le XVᵉ siècle. On aperçoit, sur le dessin de l'*Armorial*, que le village n'était pas fortifié.

# Meilhaud

En 1285 et 1291, Guillaume Dauphin achète la seigneurie de « Melhau » aux quatre ayants de Jean de Meilhaud, ce fief aurait tenu anciennement en alleu par cette famille. Un siècle plus tard, ce fief est acheté par Morinot de Tourzel, chambellan et favori du duc Jean de Berry ; il restera dans cette famille.

*Meilhaud a été dessiné depuis le sud-ouest, la rangée d'arbres suivant une dérivation de la Couze, juste en aval de Saint-Vincent. Le château est quadrangulaire, entouré d'une enceinte de même plan flanquée d'échauguettes ; cette enceinte existe encore partiellement au milieu des maisons et jardins de la localité actuelle. L'enceinte du château est plus élevée, flanquée d'un petit donjon carré surmonté d'un clocheton, dans l'angle nord-ouest et d'une tour carrée. L'entrée serait sur la face nord. On distingue deux bâtiments dans cette enceinte. On distingue des maisons et l'église (très remaniée et agrandie depuis) dans la basse-cour du château. On notera les embrasures des créneaux de l'enceinte extérieure pour des pièces d'artillerie, elle-même entourée d'une chemise . (BNF, Ms. fr 22297, f° 203.)*

1

# Issoire

A une trentaine de kilomètres au sud de Clermont-Ferrand, en Limagne, Issoire occupe une terrasse alluviale de la rive gauche de la Couze qui se jette à cet endroit dans l'Allier. Désignée par Grégoire de Tours sous le nom d'*Iciodorensis vicus*, la petite cité a des origines gallo-romaines. C'est saint Austremoine, le premier évangélisateur de l'Auvergne, qui va lui donner une certaine *aura* puisqu'il aurait été enterré là. La ville médiévale va surtout se développer autour du monastère bénédictin qui remonte au Haut Moyen Age. Au XIV° siècle, elle est une des « treize bonnes villes » du « bas pays d'Auvergne » qui ont le droit d'envoyer des représentants aux Etats Provinciaux.

**1.** *L'église Saint-Austremoine d'Issoire appartient au groupe des édifices dits « majeurs ». Remplaçant sans doute une église du X° siècle et datant de la grande floraison de la première moitié du XII° siècle, elle est la plus grande de ces églises avec ses soixante mètres de long. Les murs gouttereaux jouent la transparence avec l'intérieur. Le rythme des larges arcs en plein cintre rappelle celui des grandes arcades qui séparent nef et bas-côtés et au-dessus l'arcature est un reflet direct des baies des tribunes réunies aussi par trois. L'arkose blonde de Montpeyroux, à quelques kilomètres de là, apporte un sceau de qualité avec ses pierres bien taillées.*

**2.** *Exceptionnellement, la chapelle axiale est carrée. On y voit les rosaces faites de pierres de couleurs présentes aussi au sommet de l'abside et dans les autres grandes églises auvergnates comme Notre-Dame du Port à Clermont-Ferrand. Ces rosaces rappellent des motifs de mosaïques locales de l'époque gallo-romaine et sont un témoignage de la « romanité » de cet art roman. La Vierge et la Balance font partie du zodiaque qui orne le pourtour des chapelles.*

**3.** *Chapelle rayonnante et tout le répertoire ornemental des églises auvergnates : cordon de billettes qui contournent les contreforts et les baies, mosaïques de pierres qui produisent des effets de couleurs grâce à des matériaux localement exploités (arkose, grès, andésite), modillons à copeaux supportant une corniche ornée d'un damier de billettes. Signe du zodiaque : le scorpion.*

**4.** *Le lion poursuit le déroulement du Zodiaque tout autour des chapelles rayonnantes de Saint-Austremoine d'Issoire au milieu de la deuxième absidiole sud où joue particulièrement le soleil du matin.*

**5.** *Dans le chœur, où le peintre Anatole Dauvergne a tenté au XIX° siècle de recréer la polychromie médiévale : ce chapiteau de la Cène est une habile composition de personnages placés à l'arrière de la table qui fait le tour de la corbeille. Ici, le détail du Christ et de saint Jean.*

2

3

4

*Belle porte gothique avec fin réseau flamboyant de trèfles, mou-chettes et soufflets à l'hôtel Charrier. Ce lieu fut le théâtre d'un événement tragique au terme de la crise des Guerres de Religion particulièrement aiguë à Issoire : l'assassinat le 8 juin 1592 du marquis d'Allègre, gouverneur brutal de la ville, et de madame d'Estrées - la mère de Gabrielle - pour « conduite scanda-leuse ».* (Photos G.B.)

5

**1.** *Hôtel Clément. Statue moderne de saint-Austremoine dans l'angle et belles ferronneries du XVIII<sup>e</sup> siècle. Tour carrée et porte du XV<sup>e</sup> siècle. Le XV<sup>e</sup> siècle est une période prospère pour la « bonne ville » d'Issoire. En 1471, Louis XI lui accorde trois foires annuelles les jeudis après l'Epiphanie et l'Ascension et le premier jeudi de septembre.*

**2.** *La maison des arcades (XV<sup>e</sup>-XVIII<sup>e</sup>) est un bon exemple de ces maisons de ville polyvalentes dont le rez-de-chaussée était dévolu au commerce et les étages à la résidence. La maison des arcades donnait sur la Grande Place (aujourd'hui place de la République) où se tient le marché. Au XVIII<sup>e</sup> siècle, il y a à Issoire plusieurs communautés de métiers avec bannières et armoiries.* (Photos G.B.)

# Saint-Babel

Au nord-est d'Issoire, le château de Saint-Babel se dressait sur une butte culminant à 610 mètres d'altitude. On connaît mal l'histoire de cette seigneurie. Au début du XIIIe siècle, elle appartenait aux seigneurs de Montboissieu qui l'auraient cédée aux comtes d'Auvergne avant **1238**.

Cette vue est d'autant plus intéressante que le château a été totalement détruit. Vers le milieu du XVe siècle, nous le voyons ici depuis l'ouest-sud-ouest. Le dessinateur s'est placé au-dessus du croisement situé entre la route d'Issoire et le chemin allant de Saint-Babel à Roure. Le **donjon** carré et crénelé, coiffé d'un toit pyramidal très aplati et flanqué sur une de ses faces d'un hourd formant bretèche (probablement au-dessus de sa porte d'entrée), devait occuper le rognon basaltique qui constitue aujourd'hui le point culminant. Une enceinte crénelée couronne le rebord du sommet de la butte. Elle est flanquée d'une tour ronde, aucune autre n'apparaît sur cette vue. A proximité de cette tour, un bâtiment s'appuie sur la courtine, probablement un logis très simple ; le donjon n'étant que l'ultime réduit. Un chemin assez raide escalade la pente jusqu'au sommet ; il est conservé actuellement dans sa partie supérieure. Bien marqué, il aboutit à l'ancienne entrée du château située au sud. Le chemin visible à droite sur le dessin est celui qui vient d'Issoire, contournant la butte par le sud et passant près de l'église. Le village s'étend à l'est et au nord-est de la butte. Il ne reste rien de l'enceinte,

*Château de Saint-Babel. Sur ce dessin, vu depuis l'ouest-sud-ouest, le village et l'église ne sont pas visibles, cachés par la butte sur laquelle le château est bâti. (BNF, Ms. fr. 22297 f° 89.)*

à peine marquée par quelques mouvements de terrain. L'actuelle tour de l'Horloge est moderne, construite avec des pierres provenant du château.

Cette vue d'un château totalement disparu a le mérite de nous restituer la silhouette d'un petit château de sommet, très simple, avec son donjon, son logis et une enceinte flanquée d'une seule tour.

# Le Broc

Alors que Saint-Babel est situé au nord-est d'Issoire, sur la rive orientale de l'Allier, le Broc est situé au sud de cette ville, sur la rive occidentale de ce fleuve. Ce village de Limagne était à l'origine situé dans la plaine et ses habitants ont rejoint la hauteur dans le cours du Moyen Age pour se placer sous la protection du château qui aurait existé à cet endroit dès le milieu du XIe siècle, première mention d'une famille Du Broc. Cette famille va occuper une place importante dans l'aristocratie auvergnate mais s'éteint au début du XIVe siècle avec le mariage de Dauphine et de Bertrand de la Rochebriant dont la famille conservera cette seigneurie pendant un siècle. Les habitants du bourg avaient obtenu une charte de franchise, mais sans consulat, vers le milieu du XIIIe siècle.

*Ce dessin est l'un des plus beaux de l'Armorial, le détail en est soigné, y compris les personnages du premier plan, les couleurs sont de belle qualité. Le château et le village sont vus depuis l'ouest. Le château (dont subsistent des ruines) est édifié sur une saillie de la falaise. Son donjon carré est couronné de hourds. A droite, la courtine est renforcée d'une tour ronde sans couronnement défensif et munie de latrines puis d'une tour carrée et d'une autre abritant la chapelle. Le logis s'appuie à cette courtine, entre le donjon et la tour des latrines. A gauche, la courtine forme un arc de cercle, mal rendu par le dessin, défendu par deux tours. Une tour carrée surmontée de hourds est reliée au donjon. Une seconde enceinte extérieure masque l'enceinte du château ; nous la voyons à gauche avec plusieurs tours et le clocheton d'une chapelle (qui existe toujours), dans le fond. Sur la droite, on distingue deux quartiers du village. Le village haut est protégé par un rempart sans créneaux (partiellement conservé) muni d'une tour surmontée de cloches et, à 150 mètres de là (malgré la perspective du dessin...), d'une porte carrée avec bretèche. De là part la route (avec les personnages) menant à Bergonne. Puis vient le quartier bas avec son église, non visible ici. (BNF Ms fr. 22297, f° 344.)*

# Vic-le-Comte

1. *Vestige de l'ancien château comtal, la porte d'entrée fortifiée donnant sur la place où se trouve la Sainte Chapelle.* (G.B.)

En **1195**, le comte Guy d'Auvergne s'était rangé sous la bannière du roi Richard Cœur de Lion, duc d'Aquitaine, qui avait élevé des revendications sur l'Auvergne (voir page 6). Ce comte **Guy II** affronte son frère Robert, évêque de Clermont, qui était resté fidèle au roi de France. A cette époque les seigneurs auvergnats sont tiraillés entre cette double allégeance, entre le duc d'Aquitaine et le roi de France. Finalement Guy II, triomphe de son frère et s'empare de Clermont. Le roi Philippe Auguste réagit aussitôt et envoie en Auvergne une armée commandée par Guy de Dampierre. Guy II est vaincu au bout de trois années de combat. Sa comté de Basse-Auvergne est réduite à une **Comté** plus exiguë, prix de sa soumission, dont la capitale est Vic-le-Comte. La « comté » est née, sa capitale présente quelques intéressants vestiges médiévaux. De l'ancien **château**, il ne subsiste que la porte. La Sainte chapelle a été édifiée à la fin de l'époque gothique et terminée à la Renaissance. Par contre, l'église Saint-Jean est un édifice roman remanié à l'époque gothique et la rue Porte-Robin présente quelques belles maisons médiévales.

2, 3, 4. *Quelques aspects des maisons médiévales de Vic-le-Comte, bien restaurées. On notera les encorbellements très saillants d'un vaste ensemble en pans de bois.* (G.B.)

« Tant kil vist, li gran chastel majour assis sur son rocier sur une montaigne haulte, en un tertre quarré... » - *évocation d'un château de montagne d'après une chanson de geste.* (M.M.)

# Bosséol, château comtal

Témoin exceptionnel de l'architecture militaire romane en Basse-Auvergne, édifié durant la seconde moitié du XIIe siècle, le castel de Bosséol n'a connu que peu de modifications défensives en raison de la topographie du lieu choisi pour la construction.

Point idéal de surveillance, le site est occupé dès l'époque gallo-romaine. Il était proche du *Vicus*, qui deviendra Vic-le-Comte, capitale des comtés d'Auvergne. Après la décision de Charlemagne de créer un royaume d'Aquitaine, l'Arvernie est une de ses composantes. Souverain d'Aquitaine en 817, Pépin Ier séjournera à Bosséol vers **833-834**, peut-être sur la motte primitive ou dans le village (1), et accordera par la ratification d'une charte ses privilèges à l'abbaye de Manglieu (2).

Peu d'éléments nous sont parvenus concernant l'établissement des premiers seigneurs de Bosséol. Il semblerait toutefois que l'existence de ce fief et de sa tenure puissent être situés aux alentours du Xe siècle. A l'avènement d'Hugues Capet, les Auvergnats refuseront quelque temps de le reconnaître comme roi ; la Basse-Auvergne se couvre alors de donjons et de fortifications sur les hauteurs les plus escarpées. En **1050**, le Cartulaire et l'abbaye de Sauxillanges mentionne les noms de **Pierre** et **Etienne**, seigneurs de Bosséol, en tant que témoins dans le cadre d'une donation faite à cette même abbaye par le seigneur Hugues de Palliers. Le Cartulaire fait encore état de plusieurs chartes dans lesquelles apparaissent les tenants de Bosséol ; ainsi **Renaus** et **Théotard**. Cependant, cette famille disparaîtra sans plus laisser de trace, emportée par l'élan de la Première Croisade.

(1) Le village originel s'appelait Saint-André-le-Puy. Il « empruntera » le nom de Bosséol à la faveur des troubles suscités par la Révolution.

(2) Manglieu est l'une des plus anciennes abbayes d'Auvergne ; elle aurait été fondée en 656 par Saint-Genès, évêque de Clermont.

*Ci-contre :* **La porte romane, encadrée de pierres d'arkose, est d'une hauteur de 2,60 mètres pour une largeur de 1,25 mètre. Elle est surmontée d'une bretèche.** (M.M.)

*Ci-dessous :* **La massive courtine nord, flanquée, à droite du massif donjon circulaire, haut de 25 mètres, enchâssé dans la roche volcanique, et, à gauche, de la tour de guet, crénelée. Le front principal ne présente que peu d'ouvertures, à l'exception d'une belle fenêtre géminée. On notera aussi, à la hauteur du chemin de ronde, les trous de boulins pour l'emplacement des supports des hourds.** (M.M.)

*La porte principale s'ouvre sur les salles basses du château. Au premier plan, la salle des gardes puis, après le portique à colonnes, la salle des chevaliers. La charpente du plafond est constituée de dix poutres massives d'une longueur de sept mètres. (M.M.)*

Il faut attendre la seconde moitié du XIIᵉ siècle afin que ne débute, concrètement, l'histoire de la seigneurie avec son passage dans la mouvance des puissants comtes d'Auvergne. C'est en **1170** que **Guillaume VIII**, entreprend l'édification de la forteresse. Assise sur un dyke volcanique de 45 mètres de haut, la construction se trouve au sommet d'une élévation culminant à 700 mètres d'altitude. Occupant une superficie d'environ 726 mètres carrés, le château est appareillé en lave volcanique, basalte et arkose dite « pierre de Montpeyroux », village situé à une quinzaine de kilomètres de Busséol. Epousant la forme du roc, le castel est limité au Sud par l'escarpement naturel et se développe à l'Est et à l'Ouest par de massives courtines, flanquées d'une tour de guet ainsi que d'un imposant donjon circulaire (structure architecturale caractéristique des constructions castrales mises en œuvre sous le règne de Philippe-Auguste) ; la courtine septentrionale se présente en un front massif, épaulant les deux tours. Fièrement dressé sur son promontoire, le château ne possédait pas de fossés extérieurs, mais était défendu par des hourds.

L'établissement de la forteresse intervient toutefois dans le trouble contexte d'une querelle familiale, celle des comtes d'Auvergne, dont les couronnes de France et d'Angleterre devront durablement prendre la mesure.

Par traité ratifié entre le roi Louis IX et le comte d'Auvergne Guillaume X, vers 1229-1230, la « *Terra Alvernœ* » demeure unie à la couronne. A la suite de longues tractations avec le nouveau souverain de France, Guillaume recouvre une faible portion des possessions de ses ancêtres ainsi que la conservation du titre de comté pour ces terres. Vic-le-Comte en devient la capitale ; ses dépendances ne comprennent plus que Mercurol, Mirefleurs, Ybois, Creimps, Saint-Babel, Laps, Buron, Saint-Julien-de-Coppel et la seigneurie de Busséol. Lors de la tenue d'un Parlement le 24 juin 1241 à Saumur, Louis IX respectera fidèlement les volontés de son père, en donnant la ceinture militaire à son frère Alphonse et en lui cédant le comté de Poitou, la Terre d'Auvergne de même que le pays albigeois.

*La petite chambre où Charles IX passa la nuit du 28 mars 1566 est remise en valeur par un ensemble mobilier Renaissance. (G.B.)*

*Busséol abrite une rarissime cheminée romane à manteau circulaire. Haute de deux mètres, elle développe un diamètre de 1,30 mètre. La hotte conique, ainsi que le contrecœur concave, permettaient la combustion de bûches importantes, placées verticalement afin d'offrir un meilleur tirage. (M.M.)*

Durant les premières décennies du XIIIᵉ siècle, l'Auvergne connaît une période de paix et de prospérité. Robert Iᵉʳ, Dauphin d'Auvergne et poète, encourage en sa cour la création artistique de nombreux troubadours dont plusieurs se distingueront au-delà des frontières auvergnates. Le comte Robert V, fils de Guillaume X, sera fait comte de Boulogne en 1260. Son successeur Robert VI, mort captif des Espagnols en 1317, léguera la seigneurie de Busséol à son épouse **Béatrix de Montgascon**, issue de la puissante famille chevaleresque éponyme. **Jeanne Iʳᵉ**, arrière-petite fille de Robert, devient comtesse d'Auvergne et Dame de Busséol au décès de son père Guillaume XII en l'an **1332** ; six ans après, Jeanne épousera Philippe de Bourgogne. Prématurément veuve, elle s'unissait à Jean de Valois, duc de Normandie, qui en 1350 succédera à son père Philippe VI au trône de France. Sacrée à Reims au côté de son royal époux, Jeanne d'Auvergne et de Boulogne honorait par le fait le fier Busséol. Aux environs de la même période, le château, parmi d'autres, fut assiégé et incendié par Thomas de la Marche (demi-frère de Jean de France), se vengeant ainsi du mauvais accueil que Jeanne lui avait réservé en son castel de Nonette. De l'union avec Jean « le Bon » naquit Philippe, duc de Bourgogne, mort en 1361 sans postérité. Le comté revint à l'oncle de la reine, Jean Iᵉʳ. Son fils Jean II, épouse Eléonore de Beaufort de Comminges, cousine du vaillant Gaston X de Foix, troisième seigneur de Béarn (1331-1391), surnommé « Phébus ». Jean II d'Auvergne et de Boulogne, dit « le Mauvais Ménagier », se révéla un mari brutal et dévoyé. Aussi, peu d'années après la naissance de l'unique héritière, Jeanne, la mère et l'enfant s'enfuirent pour se réfugier au cœur des terres du comte de Foix. L'innocente fillette fut, néanmoins, au centre d'âpres négociations ayant pour finalité une promesse d'épousailles - Jeanne avait 12 ans - avec Jean de France duc de Berry et d'Auvergne, âgé de 49 ans. La cérémonie se déroula en la Sainte-Chapelle de Riom en l'an 1389. A la mort du duc, survenue à Paris en 1416, Jeanne II épousait pour son malheur le cupide Georges de la Trémoille, baron de Sully et de Craon. De cette union il n'y eut aucune descendance. Du fait de dissensions familiales perpétuelles, Jeanne décida de retirer à son époux l'ensemble des acquis issus de leur mariage ; la comtesse désigna comme seule et légitime héritière de ses biens sa cousine, **Marie d'Auvergne** et de Boulogne, épouse de Bertrand de La Tour. L'ombrageux sire de la Trémoille s'opposa fermement à cet état, en occupant plusieurs places fortes du comté. Malgré les plaintes et les tractations, il faudra une intervention armée de Bertrand de La Tour d'Auvergne afin d'obtenir gain de cause ; ses hommes d'armes écraseront ceux du baron de Sully à Longue, sur les bords de l'Allier. Le comté, ainsi que le château de Busséol, demeureront près d'un siècle à la garde de la famille choisie par la comtesse.

L'arrière petit-fils de Bertrand, Jean III de La Tour d'Auvergne eut deux filles ; Anne, l'aînée, s'unit en 1505 à son cousin germain Jean Stuart, duc d'Albany (mort sans postérité en 1536). Ce prince, descendant des souverains d'Ecosse - il en fut régent de 1515 à 1524.

A la Révolution, le dernier seigneur de Busséol n'ayant pas suivi le mouvement d'émigration, Jean-Baptiste de Mascon, verra cependant le château de Busséol déclaré propriété d'émigré donc, assimilé au bien national ; les charpentes et toitures sont enlevées puis vendues à différents acquéreurs ; le donjon, transformé en pigeonnier ; la chapelle castrale (dépendance de l'abbaye de la Chaise-Dieu de 1654 à 1789), rasée, ses sépultures saccagées sur ordre du Comité de Salut Public de Billom. Dans les premières décennies du XIXᵉ siècle, une partie de l'ancienne seigneurie appartient au marquis de Vichy, héritier de la maison de Mascon. Sa nièce, Isabelle de Vichy, épouse de Ludovic Le Groing de la Romagère, vend le château, en 1880, à une famille de magistrats de la région. Toutefois, la situation de la forteresse devenue pratiquement inaccessible, garantira sa relative sauvegarde. Envahi par une luxuriante végétation, meurtri par les intempéries, Busséol devient ruines ; son propriétaire le délaisse. En 1966, couronnant onze ans d'efforts et de négociations, le château est racheté par Monsieur et Madame Henry-Claude Houlier qui entreprennent sa restauration. Le travail est colossal ; il durera 25 ans, mais la passion de ses nouveaux propriétaires aboutira à la renaissance de la fière forteresse des comtes d'Auvergne. Le château renoue ainsi avec le contenu de ces quelques vers qui le célèbrent en 1552 :

*« Je suis Busséol près de Bilhon,*
*Je vois du pays largement,*
*Je vois Ravel, Joze, Bulhon,*
*Et Vertaizon pareillement,*
*Montmorin, Mozun, Clairemont,*
*Mercurol, Coupeilh et Buron,*
*Le Crest aussi semblablement,*
*Et le chastel de Montreddont ».*

### Le Jardin des croisades

Situé au niveau de l'habitation seigneuriale, à 700 mètres d'altitude, le jardin occupe une superficie de 420 m² épousant les reliefs de l'escarpement rocheux central. Ce « pré-haut », tel qu'il était nommé à l'époque médiévale, invisible de l'extérieur, est le lieu de prédilection de Madame Christiane Houlier, sa restauratrice. Abritant diverses espèces d'origine méditerranéenne, ce jardin fut reconstitué à partir de 1973 dans l'esprit de sa création durant la seconde moitié du XIIᵉ siècle. Ancêtre des jardins à la française, il est protégé des vents de Nord-Ouest par le donjon et le corps principal du bâtiment au Nord. Ces modèles d'espaces fleuris nourrirent, par la suite, l'inspiration des artistes qui réalisèrent les tapisseries dites « Mille fleurs ». Le jardin des Croisades est à découvrir de préférence de fin avril à mi-septembre.

Remerciements :

- M. et Mme Henry-Claude Houlier, M. Thierry Houlier, Mme N. Lépron, Archives Départementales du Puy-de-Dôme, les personnels de la Bibliothèque Municipale de Riom, M. Jean-Pierre Boithias, documentaliste.

Château de Busséol - 63270 Vic-le-Comte, Tél : 04 73 69 00 84.

Visites : du 15/06 au 15/09 de 10 h 00 à 12 h 00 et de 14 h 30 à 19 h 00. Hors saison : Samedi, dimanche et jours fériés de 14 h 30 à 18 h 30. Groupes sur rendez-vous toute l'année. Entrée : Adultes - 35 F/5,34 euros, enfants - 20 F/3,05 euros, groupes - sur demande.

*A l'ouest, le donjon, la porte d'entrée et la saillie de l'éperon émergeant à la verticale de la masse rocheuse, au milieu d'un superbe paysage. (G.B.)*

## Billom

A 25 kilomètres à l'est de Clermont, Billom - sans doute de *Biliomagus*, contenant le mot celtique *mag*, marché, ce qui atteste une vocation commerciale très ancienne - est située à la limite de la Limagne et du Livradois. Un tronçon de la voie romaine Lyon-Bordeaux y passait et à la fin du Moyen Age traversait un « grand-chemin de Saint-Flour ». En 1440, des lettres patentes de Charles VII autorisent la foire hebdomadaire du lundi qui existe toujours.

La petite cité a conservé un riche patrimoine médiéval puisque, outre les deux belles églises Saint-Cerneuf et Saint-Loup, les rues offrent une rare collection de maisons qui témoignent d'un habitat de qualité caractérisé notamment pas des maisons à pans de bois ou quelques belles portes.

2

1

1. *A l'extérieur de l'enceinte du XII* *siècle, à deux pas du pont sur l'Angaud, au Creux du Marché, une maison montre la formule la plus courante du colombage à Billom : deux encorbellements sur aisseliers et deux étages à pans de bois. L'ossature est composée de poteaux verticaux, ne franchissant jamais plus de la hauteur d'un étage, et très souvent de croix de Saint-André séparées par des pièces horizontales.* (G.B.)

2. *On entre dans la rue des Boucheries par une des anciennes portes de la ville. A gauche, des crocs métalliques fixés en façade pour suspendre la viande.* (G.B.)

4

3

3. *La rue des Boucheries a conservé sa rigole centrale. Etroite et « monteuse », c'était au Moyen Age un des principaux axes avec les rues du Pertuybout et de l'Evêché à l'intérieur de l'enceinte du XII* siècle.* (G.B.)

4. *Des variantes dans les pans de bois : poteaux verticaux et sablières pour un quadrillage régulier, contreventement simple et oblique, en arêtes de poisson, croix de Saint-André. Cette maison est dite « du bailli », agent de l'évêque dont les fonctions étaient judiciaires et administratives.* (G.B.)

5. *Ruelle donnant sur la rue des Boucheries. La pierre utilisée est le plus souvent le grès appelé arkose dont une carrière existait tout près de Billom à Escolore. L'arkose est blonde avec des veines jaunes ou rougeâtres. L'andésite grise est aussi présente.* (G.B.)

6. *La maison « du Boucher » est exceptionnelle avec au premier plan son pilier de pierre à facettes qui soutient un passage couvert sous l'encorbellement et ses deux niveaux d'encorbellement. La rigueur du réseau de bois est remarquable comme la qualité des ouvertures.* (G.B.)

5

6

7

8

**8.** *Baies à meneaux. La qualité de la taille de la pierre est bien lisible dans la finesse des moulures, des bases prismatiques et des couronnements des meneaux.* (G.B.)

**10, 11.** *Châssis de bois.* (G.B.)

**12.** *L'arkose avec ses teintes chatoyantes structure cette maison caractérisée par de grandes ouvertures légèrement remaniées. La grande porte en plein cintre ouvrait-elle sur un atelier dans un quartier qu'il faut imaginer animé par commerçants et artisans.* (G.B.)

9

10

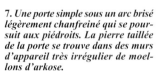

11

12

**7.** *Une porte simple sous un arc brisé légèrement chanfreiné qui se poursuit aux piédroits. La pierre taillée de la porte se trouve dans des murs d'appareil très irrégulier de moellons d'arkose.*

**9.** *La pierre pouvait être remplacée par un châssis de bois, ici utilisée dans un environnement rare de briques crues. Après l'arkose et le bois, ce nouveau matériau rappelle que l'industrie locale s'est longtemps résumée à la fabrication de briques, tuiles et poteries.* (G.B.)

*Une maison à très léger encorbellement et à pans de bois rigoureusement pan-*
*neautés, encadrée de deux logis à encorbellements au contraire bien marqués.*
*Les aisseliers ont des terminaisons géométriques. (G.B.)*

*Une jolie porte en accolade confirme le XVᵉ siècle pour la construction de cette*
*maison tout près de l'église Saint-Cerneuf. (G.B.)*

*Quel commerce se cachait*
*dans cette échoppe dont le*
*grand arc d'ouverture per-*
*mettait d'apercevoir les*
*marchandises ? La mou-*
*luration de l'arc surbaissé*
*- dont les dimensions sont*
*particulièrement impor-*
*tantes, 4 mètres sur 2 -*
*souligné d'un tore répété*
*autour de la porte atteste*
*encore une fois le soin*
*apporté à la réalisation de*
*ces maisons et un certain*
*niveau de vie. (G.B.)*

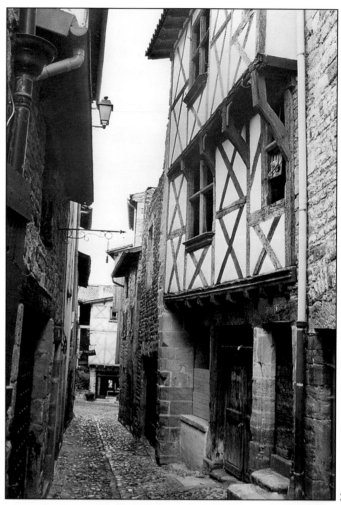

5

6

7

**1.** *Le mode de construction de ces maisons en pan de bois, composées étage par étage, semble correspondre aux techniques en usage aux XV<sup>e</sup> et XVI<sup>e</sup> siècles. (G.B.)*

**2.** *Comme la maison « du Boucher », cette maison présentait entre ses deux piliers de pierre un passage protégé par un encorbellement aujourd'hui masqué par une façade. Plus haute que large, elle a aussi les proportions les plus habituelles à Billom.*

**3.** *Entrée de la maison dite « de l'Echevin », rue Pertuybout, une riche maison de la fin du XV<sup>e</sup> siècle ou du début du XVI<sup>e</sup>, organisée en L autour d'une petite cour fermée qui formait un espace de transition. Le linteau en anse de panier orné d'une accolade est surmonté d'un tympan en arc brisé sous des voussures finement moulurées et une archivolte dont les rampants et le couronnement sommital portent des choux frisés. Deux pinacles à feuillages sont posés sur deux fins pilastres qui complètent les piédroits finement travaillés sur bases prismatiques.*

**4.** *Des puits étaient souvent installés dans les cours comme dans la maison de l'Echevin.*

**5.** *Les pentures de la porte ouest de l'église Saint-Cerneuf. Un exemple de l'art de la ferronnerie dont l'Auvergne a conservé quelques beaux vestiges. Des motifs anthropomorphes - têtes à gros nez - et zoomorphes ornent celles-ci qui datent du XIII<sup>e</sup> siècle.*

**6.** *L'ensemble des neuf grilles qui entourent le rond-point de l'église Saint-Cerneuf constitue un des ensembles les plus importants de ferronnerie romane de France. On y trouve des motifs de cœur renversé, des brindilles aux extrémités enroulées et adossées en forme de C et même des ébauches de fleurs. Ces grilles datent sans doute du XII<sup>e</sup> siècle et entouraient donc déjà le chœur roman remanié au XIII<sup>e</sup> siècle.*

**7.** *Saint-Paul. Détail du monument funéraire de la chapelle du Rosaire à saint-Cerneuf. Saint Paul et Saint Pierre encadrent une théorie de personnages qui sont la famille du constructeur de la chapelle, l'archevêque Gilles Aycelin, au début du XIV<sup>e</sup> siècle.*

# Montmorin

Depuis une butte dressée à 630 mètres d'altitude, le château de Montmorin domine un vaste paysage du Livradois. Au sud-est de la petite ville médiévale du Billom, sa situation stratégique est excellente, entre deux châteaux, ruinés et coiffant eux aussi des éminences : Coppel à l'ouest et Mauzun à l'est (voir page 80). Ces trois châteaux barrent la route vers Ambert et le Forez.

Nous ne savons pas qui était le *Maurinus* (*Monmauri* et *Mons Maurinus* en 1330) qui fonda le village sur la pente du mont et si ce dernier était déjà muni d'un retranchement au Xᵉ siècle, mais le cartulaire de l'abbaye de Sauxillanges (à l'est d'Issoire) fait mention en **954** du premier seigneur connu de Montmorin : **Calixte**. L'Auvergne se couvre effectivement de châteaux à par-

tir de cette époque. Au Xᵉ siècle, elle est restée une terre où la tradition romaine est encore solidement ancrée. Elle est de langue d'oc et de droit écrit, et romain. Ses aristocrates - les *Seniores arvernici* ou *principes arvernici* - aiment à se rattacher aux lignées de nobles gallo-romains du Bas Empire. Dans l'ancienne Gaule, l'Auvergne était l'une des seules contrées exempte d'implantation germanique, une sorte d'îlot face aux Francs au nord, aux Burgondes à l'ouest et aux Wisigoths au sud-ouest. Suger s'offusquera même de l'attitude des Arvernes qui auront l'audace de se donner pour « frères des latins » (1) lors de l'expédition royale de 1122.

Au début du Xᵉ siècle, la structure romaine et carolingienne est encore en place. Les comtes sont les représentants du pouvoir impérial ou royal, avec des vicomtes sous leur contrôle permettant un quadrillage du territoire. Mais ces structures sont alors en déclin et, après le grand sursaut de l'empire carolingien, le pouvoir central a perdu toute autorité. Cette vacance met à bas le système à la romaine. La famille comtale de Clermont établit alors ses cadets sur des terres appartenant à l'état, des « terres fiscales ». Avec cet éclatement des grands domaines, la population s'accroît ; on défriche des terres nouvelles. A l'époque gallo-romaine, les établissements humains ne dépassaient pas les 1 000 mètres d'altitude ; dorénavant, surtout en Haute Auvergne, on va coloniser les hauts plateaux. Comme des études récentes le montrent, il n'y a pas de « Terreur de l'An Mil », le Xᵉ siècle est au contraire une période d'expansion et de renouveau qui va se confirmer au siècle suivant.

En 927, la crise de succession comtale facilite l'émergence de petits seigneurs s'installant partout à travers le pays. Faiblesse du pouvoir central, crise du pouvoir comtal et expansion économique vont entraîner l'apparition du système féodal et l'afflux de nouveaux seigneurs, issus en grande partie de la frange supérieure de la petite paysannerie disposant d'un *alleu* (une terre libre exempte de redevances et ne dépendant d'aucun pouvoir). Ces petits seigneurs vont hérisser le pays de petits châteaux à partir de la fin du Xᵉ siècle, d'étroites tours carrées pour la plupart. Calixte de Montmorin pourrait être issu de cette petite aristocratie d'origine paysanne. A-t'il lui aussi dressé une tour carrée sur la butte de Montmorin ; il n'y en a plus trace si tel était le cas ? Son fils Hugues lui succède, puis ce seront, au fil des générations, Etienne (décédé le 5 septembre 1062), Calixte II (mort en 1097), Hugues II, puis Hugues III.

**1.** *Le châtelet d'entrée est encadré par deux tours rondes et demi-rondes munies d'archères. Des mâchicoulis surmontent la porte d'entrée. Dans une niche : les armes des Montmorin. La rampe d'accès est parallèle au rempart. L'assaillant offrait ainsi son flanc découvert aux défenseurs.* (G.B.)

**2.** *Henri Delaire avait trouvé le châtelet d'entrée dans cet état en 1965. La porte d'entrée, dont l'arcade était encore bien visible sur un dessin de 1886, avait été modifiée. La niche avait perdu les armes de ses seigneurs mais les mâchicoulis étaient encore presque intacts.* (Coll. Mme Delaire.)

2

1

Puis **Hugues V** épouse Bompart d'Auzon. Leur fils, appelé lui aussi **Bompart**, épousera Françoise Flotte de Ravel. Il sera bailli de Meaux, conseiller au parlement de Paris, avant de décéder en **1337**. La famille de Montmorin est alors relativement puissante, disposant d'un important château. Leur fils, **Thomas**, épouse Algaye de Narbonne en **1349**. Il est au siège de Saint-Jean d'Angély en 1351 et sera fait prisonnier à la bataille de Poitiers en 1356. Il est encore vivant en 1360. Dorénavant, les ravages de la guerre de Cent Ans se font sentir jusqu'en Auvergne qui subira les Routiers. A la génération suivante, **Geoffroy** épouse Dauphine de Tinières en **1368**. Il assiste aux états généraux d'Auvergne en 1392. Son fils, **Pierre**, épouse Isabeau de Chauvigny en **1409**. Il devient Chambellan du roi Charles VII, il est fait chevalier au siège de Bayonne en 1451, il est bailli de Saint-Pierre-le-Moûtier. Pierre a trois frères : l'un devient évêque d'Agde en 1440, Jean décède en 1448 et Jacques est à l'origine de la branche cadette de Montmorin Saint-Hérém. Son fils, **Charles**, décédera en **1484**, année où son fils Jacques épouse Anne de Montboisier. Il décède à son tour en 1500 ; son fils Antoine lui succède. Cette branche s'éteindra au XVIIIe siècle avec une fille. La branche cadette de **Saint-Hérém** rachètera le fief de Montmorin avant de s'éteindre à son tour en 1871.

**3.** *L'angle nord-est de l'enceinte. On voit ici la tour d'angle et la face nord de la courtine sur laquelle s'appuient les bâtiments. On aperçoit ici les deux étroites fenêtres romanes, vestiges du premier château.* (G.B.)

La croisade avait été prêchée à Clermont en 1095 par le Pape Urbain II. **Hugues II** suivra le roi Louis VII et Aliénor d'Aquitaine à la deuxième croisade, en **1147**. C'est le premier sire de Montmorin dont le nom surgit de la longue litanie des générations. Calixte III de Montmorin succède à Hugues III. Son fils, vivant vers **1270,** épouse Béatrix de Mercœur. A cette époque, le château doit déjà comporter une structure proche de celle que nous connaissons. L'enceinte de la basse-cour se dresse déjà ; elle est attestée par les deux fenêtres romanes que nous voyons encore au nord-est. Le grand donjon cylindrique, dont il ne reste que le premier niveau, doit déjà se dresser sur la partie sommitale. Il est typique des grands donjons circulaires du XIIIe siècle.

La famille de Montmorin, l'une des plus grandes familles d'Auvergne, occupe et aménage le château sans interruption jusqu'au XVIIe siècle. Au XVIe siècle, Hector de Montmorin est maître d'hôtel du roi et capitaine des gardes de la reine Catherine de Médicis, il est également député pour la noblesse d'Auvergne aux états généraux de Blois en 1576. Plus tard, les Montmorin Saint-Hérém, qui ont racheté le château et les terres en 1628, possédant d'autres résidences plus confortables, ne résident plus à Montmorin. Arnaud-Marc de Montmorin Saint-Hérém, qui avait été ministre des Affaires étrangères de Louis XVI, est massacré en 1793. Le bien a été confisqué en 1792. L'ancien château est occupé par des fermiers. Les bâtiments se dégradent et tombent en ruines. Au XXe siècle, les dégâts se sont accélérés.

C'est alors que la famille Houlier découvre l'état déplorable de ces ruines dont elle rachète une partie et assure les premiers travaux avant de se consacrer à Busséol. La relève est alors assurée par Henri Delaire, solide Auvergnat, descendant d'une lignée de bâtisseurs. Il est lui même patron d'une entreprise de bâtiment et de

**4.** *Le chemin de ronde sud et la tour sud-est, avec la porte du premier étage, et l'intérieur de la porte d'accès du châtelet, après restauration.* (G.B.)

**5.** *Depuis l'extérieur, la courtine sud et la tour sud-est ont fière allure après la restauration effectuée.* (G.B.)

menuiserie et achète le château en novembre 1965 et les travaux de restauration commencent l'année suivante. Il va d'abord relever les murs d'entrée puis s'attaquer à l'intérieur. La face orientale de l'enceinte va être entièrement restaurée. Un musée est installé dans l'ancien bâtiment du logis de gardes : musée d'armes anciennes et d'art et traditions populaires d'Auvergne. Miné par une vie de dur labeur et le travail acharné pour son château, Henri Delaire s'est éteint en décembre 1997 avant d'avoir pu terminer son œuvre. Le donjon et l'ancien logis dressent encore leurs murs au sommet de la butte. Madame Delaire veille encore au destin du château où elle réside.

## Un puissant château

On accède par l'est au château établi au sommet de la butte. Des murs, disparus depuis, précédaient les abords de la courtine orientale et du châtelet. La disposition de la rampe d'accès menant à celui-ci est ingénieuse. Le châtelet est situé tout à fait à gauche. La rampe d'accès passe au pied de la courtine. Les assaillants éventuels (on ne connaît pas de siège ou d'attaque de ce château…), portant leur bouclier à gauche, offrent ainsi leur flanc droit, découvert, aux défenseurs établis dans la tour centrale, le chemin de ronde muni d'archères puis la tour nord du châtelet et son archère, avant d'aborder la porte principale surmontée de mâchicoulis. Tout ce front oriental est le plus puissamment défendu, avec quatre tours. Les autres faces, sont mieux protégées par la nature du site, avec des pentes beaucoup plus raides.

*Ci-contre : **Sur cette vue générale d'une maquette du château de Montmorin prise du sud tel qu'il devait être à la fin du Moyen Age, nous voyons le cheminement particulièrement périlleux s'offrant à un assaillant éventuel. 1. Il faut suivre la rampe d'accès longeant le front défensif oriental et laissant le flanc droit à découvert (le bouclier est à gauche). Et, après avoir forcé la porte du châtelet d'entrée et avoir subi des tirs provenant de trois tours, on arrive dans la première cour, et là… 2. L'assaillant subit les tirs (A) venant du haut des trois tours pleines du mur bouclier, formidable écran bombé prêt à repousser tout assaut et à écraser l'assaillant. Pour poursuivre et atteindre le logis, il faut continuer vers l'ouest sur un long cheminement en subissant, à nouveau, des tirs provenant du mur-bouclier puis du puissant donjon circulaire (B). Enfin (3) la porte d'accès est atteinte. Il faut la forcer, grimper en subissant toujours les tirs venant du donjon avant d'atteindre une seconde porte qu'il faudra aussi forcer… Et alors, seulement, l'assaillant aura pénétré dans la cour haute en subissant des tirs sur son flanc droit provenant du donjon. Il sera alors face au logis, mais il semble que le château n'ait jamais été attaqué.** (Maquette E. Groult/Heimdal.)*

*Plan à la fin du Moyen Age, 1. Châtelet d'entrée. 2. Salle des gardes et écuries (actuel musée). 3. Tour nord-est et vestiges romans. 4. Mur-bouclier sur lequel s'appuie le logis seigneurial. 5. Donjon. 6. Tour munie d'une citerne. 7. Tour de guet. 8. Grand bâtiment actuellement très ruiné. 9. Accès à la cour haute.*
*(Maquette E. Groult/Heimdal.)*

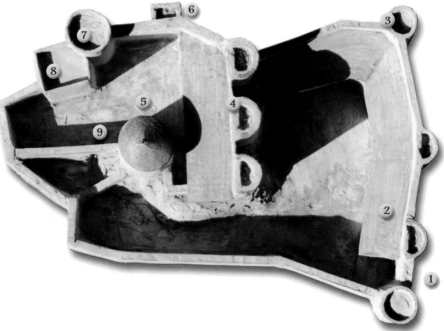

Et, une fois le châtelet franchi, nous sommes dans la basse-cour avec ses bâtiments de service. Elle est dominée par la masse imposante d'un puissant mur-bouclier qui domine, là aussi, le côté d'où pouvaient venir les assaillants. La courtine sud passe au pied du sommet où était établi le logis seigneurial et le donjon bâtis sur le rocher basaltique. Pour y accéder, là encore, il fallait passer entre la courtine sud et la masse menaçante du donjon, le flanc droit découvert. Jusqu'au logis seigneurial, la progression est particulièrement bien étudiée, long cheminement enveloppant par la gauche en laissant tout l'avantage aux défenseurs. Les vestiges de Montmorin témoignent du génie de ses constructions qui ont su accumuler les défenses bien conçues.

(1) Suger, Vie de Louis VI le Gros, chap. XXIX, p. 233.

*Le front oriental du château, le mieux conservé actuellement, tel qu'il était à la fin du Moyen Age. La succession des tours, du mur-bouclier donnent une impression de puissance.*
*(Maquette E. Groult/Heimdal.)*

*Ci-dessous : **Le château et son donjon depuis la basse-cour. Il est construit au sommet de la butte. Très ruiné, il ne présente plus que des vestiges, très intéressants. Face à l'attaque et dominant la basse-cour, un épais mur-bouclier renforcé par trois tours engagées protégeait le logis dont on voit encore, sur l'autre face, la trace des divers niveaux. On distingue, dans le fond, le sommet de la tour de guet, restée intacte, puis le donjon dont il ne reste plus que le premier niveau. Dans le fond : quelques pans de murs de l'extrémité occidentale du château.** (G.B.)*

**Renseignements pratiques :**

Le château et son musée sont ouverts :

- En été tous les jours de 15 h à 19 h, du 1er juillet au 15 septembre.

- En hiver tous les dimanches de 14 h à 19 h et les samedis sur RV, des Rameaux à la Toussaint.

- Groupes toute l'année sur RV.

Tél. : 04 73 68 30 94 - 63160 Montmorin

1. *Au revers du front oriental se dressent les anciens bâtiments de services (actuel musée), restaurés, et l'intérieur du châtelet.* (G.B.)

2. *Mur nord de la salle des gardes avec sa cheminée et sa rôtissoire à contrepoids.* (G.B.)

*Avec ses 900 mètres de murailles, le château de Mauzun est la plus vaste construction féodale de Basse-Auvergne. (O.M.)*

# Mauzun

Veillant sur les marches du Livradois, la saisissante ruine du château de Mauzun à 25 kilomètres au sud-est de Clermont-Ferrand est, avec ses 900 mètres de murailles, la plus vaste construction féodale de Basse-Auvergne.

Site castral, probablement dès le Xᵉ siècle, Mauzun (1) est rebâti deux siècles plus tard selon les évolutions dictées par l'architecture défensive militaire. Eustorge, seigneur de la place, en assura la dispendieuse construction, aidé en cela par sa parenté avec la puissante famille des comtes d'Auvergne. A sa mort, Eustorge laissait la jouissance de la seigneurie à sa fille Anna. Cependant, la situation politique tourmentée du comté jusqu'aux premières décennies du XIIIᵉ siècle (cf. Busséol, château comtal) allait influer durablement sur la destinée de la terre de Mauzun.

Afin de se garantir d'une éventuelle confiscation de ses terres par le roi Philippe Auguste, Guy II d'Auvergne accorda par lettre, en 1207, l'autorisation à l'évêché de Clermont d'acheter le fief de Mauzun. Deux années plus tard, la riche et pieuse héritière d'Eustoge, fit don du château à l'évêque Robert. En 1222, Anna ajouta à cette largesse le domaine et la justice dudit château ; à la même époque, Archambaud, seigneur de Bourbon, fils de Guy de Dampierre, céda à Robert l'ensemble des droits qu'il avait sur la justice de Mauzun. Cependant, en 1254, le comte Robert V réclama le château, comme son bien, à l'évêque Guy de la Tour. Ce dernier refusa, et il fallut l'intervention de Louis IX qui désigna le seigneur de la Tour, le comte de Gévaudan ainsi que le sire de Baffie pour abriter le conflit ; leur sentence attribua définitivement la jouissance de Mauzun à l'évêché. L'imposante forteresse sera édifiée durant cette époque.

Au cours de la guerre de Cent Ans, le château, puissamment fortifié mais mal gardé, tombe au pouvoir des Anglais ; sa reconquête interviendra en 1385, lors de la campagne menée par Louis II duc de Bourbon. Dans la dernière décennie du XVIᵉ siècle, les troupes huguenottes d'Auvergne s'emparèrent de Mauzun puis, le comte de Randan, chef de la Ligue pour la province l'occupa à son tour avant de périr à la bataille de Cros-Rolland en mars 1590. Joachim d'Estaing, évêque de Clermont (1614-1650), entreprit la restauration de la forteresse et la pourvut d'une garnison renforcée. En 1632, les troupes de Gaston d'Orléans assiégèrent le château mais furent mises en déroute. Mauzun venait de connaître son dernier siège ; le déclin s'amorçait. Jean-Baptiste Massillon, quatre-vingt-douzième représentant au siège épiscopal de Clermont (1663-1742), obtint du roi Louis XV « de faire abattre et démolir le dit château de Mozun… » Seules seront conservées d'anciennes chambres - celles-ci serviront de prisons pour les prêtres du diocèse saisis par lettres de cachet. Sont conservées aussi l'habitation du concierge et celle des fermiers. Laissée à l'abandon, la puissante forteresse sera classée monument historique en 1970. Mis en vente à l'automne 2000, le monument est acheté le 9 janvier 2001 par la famille Charrier dont les réalisations pour la sauvegarde du patrimoine depuis plus de vingt ans, méritent encore d'être saluées : La Faye, château fort du XVᵉ siècle ; Saint-Saturnin, château des XIIIᵉ-XVIᵉ siècles (Puy-de-Dôme) : Cassan, abbaye des XIIᵉ-XVIIIᵉ siècles (Hérault), etc. Mauzun quant à lui, retrouve peu à peu la lumière.

(1) *Modunum ; Castrum Maudun* (1207) dont l'étymologie vient de *Dunum* qui est celtique, signifie « lieu élevé ». L'ancienne orthographe était Mozun (1510-1790).

*Le château est bâti en pierre basaltique rouge sombre, sur lesquelles se détachent des arases de pierres blanches plus ou moins régulières, et surtout les encadrements de baies et d'archères, toutes dressées de pierres blanches. Ce château reconstruit à partir du deuxième tiers du XIIIᵉ siècle, a été surélevé d'un niveau, sans doute au XVᵉ siècle. (O.M.)*

**Remerciements :** Monsieur Christophe Charrier.

**Renseignements :**

Ouverture : du 15 juin au 16 septembre, tous les jours de 14 h à 19 h. Groupes sur rendez-vous. Château de Mauzun, Monsieur Christophe Charrier, 63160 Mauzun. Tél. : 06 81 57 91 80.

**Bibliographie :**

- *Grand Dictionnaire Historique du Département du Puy de Dôme,* Basse Auvergne, par Ambroise Tardieu, 1877.

- *Histoire des communes du Puy de Dôme*, sous la direction d'A.-G. Manry, Editions Horvath, 1991.

Achevé d'imprimer le 30 avril 2002 par l'imprimerie de l'OCEP à Coutances (50) pour le compte des Editions Heimdal.